南国港町おばちゃん信金

「支援」って何？ 〝おまけ組〟共生コミュニティの創り方

原 康子
イラスト 田中由郎

新評論

はしがき

タイトルに「南国港町」とあれば、バンクーバーやコペンハーゲンが舞台だなんてまずあり得ないと思われる方は多いだろう。また「おばちゃん」というタイトルが付けば、著者は女子大学生ではないと感じられる方も結構おられるのではないだろうか。どちらもアタリ。本書の舞台は、「暑い」か「超暑いか」という二つの季節しかない南インドの港町、ビシャカパトナム（アンドラ・プラデッシュ州）というところ。首都のデリーからは、飛行機で2時間。そして、著者の私はおばちゃんである。

本書は岐阜県の小さな国際協力NGO（認定NPO法人ムラのミライ。2014年10月、旧称ソムニードから改称）に勤めていた私が、南インドのスラムのおばちゃんたちと一緒に、勝ち組でも負け組でもない「おまけ組」の共生コミュニティ、「おばちゃん信用金庫」を創った話だ。また、その結果「援助しない技術」なるものを身につけ、次第に「お節介なおばちゃん」になっていく話でもある。

本書の構成は全3幕。リアルな舞台の雰囲気を少しでも味わってもらえるよう、劇場形式にした。物語は私の地元、岐阜市のとある喫茶店で「ナニしにインドに行っとったの?」と鵜匠さんに尋ねられたことに端を発する第1幕（全26話と28のコラム）を中心に、インドで暮らした日々からチラリと見えてくる日本、その日本とインドとの「往還」をテーマとした第2幕（全12話）、そして、「国際協力」を仕事とする日本のおばちゃん（私）の舞台裏を綴った第3幕（全3話）へと展開する。

「ああ、よくある体験記ね、著名人のエッセイならともかく、無名のおばちゃんの、それも国際協力とかNGOとか、興味ないわ〜」。間髪を入れずそんな声が聞こえてきそうだ。たしかにそうだ。私も、そんなものは、まず読まない。だから、自分があまり読まないそんな類いの本を、「私の本だから」という理由だけで、皆さんに勧めるのは気が引ける。

それでも私には、本書を是非皆さんに読んでいただきたい二つの理由がある。

一つ目の理由は、前述の「国際協力とかNGOとか興味ないわ〜」と関係がある。初対面の方に自己紹介をして、よく言われるのがこれだ。「ご立派なお仕事をされているのですね。私も、国際協力とかNGOとか、勉強しないといけないと思っているのですが、なかなか難しくてできていません」。

「国際協力」や「非政府組織（NGO）」というと、どこかの遠い国で、「勉強しないとわからない」「ご立派な」「なんだかイイコトしている」「清く、正しく、美しい」世界、というイメージが定着している。たしかに、不断の努力で、高度な知識と専門技術を身につけ、過酷な環境のもと、途上国での活動を続ける立派な方々は多い。私もこの仕事を始めるきっかけになったのは、そうした諸先輩に憧れたからだ。

ところが、あまり声を大にして言いたくはないが、私の話は「立派」でない。それどころか、これからお話しする中身は、思い出すのも恥ずかしい失敗話のオンパレードだ。しかし、こうした失敗話の大盤振る舞いこそ、「国際協力とかNGOとか」を語る際には、必要ではないかと考えた。ひょっとしたら、今の日本の、日本人の「立ち位置」を反射させる「鏡」になるかもしれないと思ったからだ。

その失敗話を、というより、愛すべき南インドのおばちゃんたちとのやりとりを、より身近に感じていただけるよう、おばちゃんたちとの会話は、私の地元、岐阜弁で綴った。そのやりとりの間抜けぶりは、各話に収められた田中由郎さんの4コマ漫画が見事に描き出している。本人の私より、私の雰囲気が出ているとの噂だ。

ところで、この「国際協力」という言葉について、ちょっとだけお断りさせてほしい。本書では「国際協力」「援助」「支援」という三つの言葉を、厳密に区別して使っていない。厳密さとは無縁の、大らかな私の性格（他人は大雑把と言う）のせいで、区別できなかったというのがその第一の理由だ。ただ、あえて区別しなかった理由もある。ざっと言うとこうだ。これらの言葉の前提には、いずれも、「(国際協力/援助/支援を) する人」と「される人」という、固定化された主従の関係が付いて回る。この三つのうち、どの言葉を使おうと、その含意には大差はないので、私は区別しなかった。

さて、本書を読んでいただきたい二つ目の理由は、本書の副題の一部でもある「おまけ組」にある。猛スピードで新興国へと成長したインド。いまだ「成長神話」に取りつかれている日本。市場経済至上主義が席巻する中、国境を越えた競争社会は依然として、一握りの「勝ち組」と膨大な数の「負け組」を作り続けている。こうした激しい競争社会は、激しい格差社会だ。本書に登場するインドのスラムのおばちゃんたちは、そんな社会では超が付くほどの「負け組」だ。ところが彼女たちは、そんな社会の潮流にはお構いなしに、「勝ち組」でも「負け組」でもないもう一つの社会モデル、共生コミュニティとしての「おばちゃん信用金庫」を作り出してしまった。私はこれを「勝ち組」にも「負け組」にも与しない、「おまけ組」と呼ぶことにした。おばちゃんたちが、自己肯定感や自尊心を高め合い、「安心して」生きていけるコミュニティ創りはどのようにすれば可能か。その試みの一端を、是非皆さんにも覗いてほしいと思った。

本書は、おばちゃんたちと怒鳴り合い、笑い、泣き、落ち込んでは舞い上がった愛しい日々の話だ。地元、岐阜のおばちゃんたちも登場する。そう、南インドだろうが、日本だろうが、人が生きるのにそれほどの違いはなく、ビシャカパトナムだろうが、岐阜だろうが、おばちゃんたちは一生懸命踏ん張っている。これを読んでくださっているあなたも、そんなおばちゃんの1人かもしれないし、あなたの周りにも必ず、そんなおばちゃんたちはいる。

本書を読んでいただければ、逞しく、したたかに、家事、育児、生業をやりくりして、活き活きと暮らしている愛すべき「おばちゃん」たちに出会えるはずだ。「運命の人」ならともかく、「おばちゃん」たちに出会ったところでナニ?と思われる方もおられるだろうが、そういう細かいことは気にしないで、肩の力を抜いて、おばちゃんと、おばちゃんでない皆さんに、笑って読んでいただければ幸いである。

原　康子

✦本書第1幕は、2012年1月から12月までの1年間、岐阜新聞に連載された「インド・オバチャン奮闘記」をベースに加筆、修正したものである。

✦本文行間に付した＊、＊＊印の注は各話・各コラムの末尾に、**1**、**2**…の番号注は巻末にまとめた。

南国港町おばちゃん信金／目次

南国港町おばちゃん信金

「支援」って何？　〝おまけ組〟共生コミュニティの創り方

本文イラスト©田中由郎

第1幕

南国港町おばちゃん信金

第1話　鵜匠さんとインドのおばちゃんと赤味噌と

誰かが誰かを援助できる？

「ワシは、もう何十年も鵜と暮らしとる。鵜と、目の前の長良川が、ワシに、神、自然、世界のことを毎日教えてくれるんだわ。70を超える歳になったが、この世に生を受けたワシが果たす役割も鵜に教えてもらったと思うんだ」と言うのは、鵜匠[1]の山下純司さん。自ら経営される岐阜市内の喫茶店、その名も「鵜」で2度目にお会いしたときのことだ。

「鵜」を最初に訪れたのは2009年。当時、私は、高山市に事務局のある国際協力NGO、認定NPO法人ムラのミライ（2014年10月に旧称ソムニードから名称変更。本部、岐阜県高山市）のスタッフとしてインドに駐在し、岐阜市の実家に一時帰国をしていた。ある日、店の名物「鮎ぞうすい」を食べに出かけ、山下鵜匠と出会ったのだ。

「インドやネパールの村やスラムで、いわゆる援助の仕事をしています」。気さくに話しかけてくださった山下鵜匠に、私は自己紹介をした。「そんな遠いところまで出かけて行って、一体何をしとるんや？　わしは誰かが、誰かを援助するなんて、できん話やと思うんや」。山下鵜匠の真理を突く鋭い質問に、私も即答した。「その通りです」。

山下鵜匠は私がインドで学んできた話を聞いてくださり、こう言われた。「おまえさんがインドで学んできたことは、わしが鵜から教えてもらったことと、よう似とるな。遠いところまで出かけていって、よう学んできたな」。

私がそのとき、何を話したか自分でもよく覚えていないし、山下鵜匠のほうも、「わし、そんなこと、言ったかいな?」と2度目の訪問時には、お忘れの様子だった。それでも、「よう学んできたな」と言っていただいたことが嬉しかった。

長良川の鵜飼のクライマックス「総がらみ」では、6隻の鵜舟が川幅いっぱいに並び、一斉に鮎を浅瀬に追い込む。写真提供:岐阜新聞社

山下鵜匠は、「途上国の援助」に携わる仕事をしているという私の自己紹介を聞き、「援助する側」と「援助を受ける側」のうさん臭さを即座に見抜かれたのだ。

山下鵜匠が「鵜と長良川から学んだ」と言われたとき、私の頭に浮かんだのは、インドで8年近く付き合ってきたスラムのおばちゃんたちの顔だ。彼女たちは、人口約12億人(2011年)といわれるインドのピラミッドの底辺、つまり一番人口の多いところにいる、いわゆる「貧乏人」たちだ。

ちなみに、かく言う私も今や立派なアラフォー(アラウンドフォーティーの略、40歳前後の女性）のおばちゃんである。

このインドのおばちゃんたちこそが、私を育ててくれたのだが、彼女たちには絶対内緒にしている。そんなことを言おうものなら、「だったら、アタシんたぁに授業料くれなあかんてぇ！」（なぜか岐阜弁。理由は後ほど）と言われることは間違いないからだ。

思えば、20代半ばで、インドに飛び込んで行ったとき、「インドの貧しい人んたぁを助けてやらんと」という気持ちでいっぱいだった。当時の私は「誰かを援助するなんて、できん話やろう？」と言われたとしても、その意味は理解できなかった。

岐阜市内の中学、高校に通い、インドで暮らすようになるまで、岐阜県と愛知県からほとんど出たことのなかった私。20歳を過ぎるまで、赤味噌以外の味噌があることも知らないくらい世間知らずだった。そんな私が40歳を超えるつい最

こだわりのお店
喫茶 鵜匠
休んでいこうかしら
ビール
いらっしゃい
こだわってる!! このお店
何にしましょ
じゃーコーヒーで
あいよっ
はいおまちー
こだわってるー

近までの十数年間、「遠いインドに行って、一体何をしとったんや」という話を始めたい。

COLUMN

コラム① 認定NPO法人ムラのミライ（旧称ソムニード）

ムラのミライ（2014年10月に旧称ソムニードから名称変更）は、岐阜県高山市に本部を持ち、西宮、インド、ネパールに事務所を持つ。* 日本人スタッフ11人、インド人とネパール人スタッフ20人のNGOだ（2014年現在）。2015年には西アフリカでのプロジェクトも本格スタートする。年間の財政規模は、この数年5000万円から1億円の間をうろうろしている。代表をはじめ、スタッフは皆、明るく、元気な人ばかりだが、資金的には幾度も倒産の危機を乗り越え、水面すれすれの低空飛行を続けつつ、2013年に設立20年を迎えた。設立のきっかけは南インドのNGOから支援要請を受けたことだった。設立2年目から、ムラのミライに関わるようになった私にとって、「途上国援助」の原体験は、南インドだ。私が駐在していた事務所は、2001年当時、インド人のおじさんスタッフ2人（40代）と私の3人のみだった。昔から、ムラのミライの活動を説明するのは苦労した。設立当初は「貧しい人を助ける」NGOだったが、活動を続けていくうちに「日本と途上国の共通の課題に共に取り組む」NGOになっていった。日本やアジア、アフリカの途上国で地域の課題を見い出し、コミュニティと環境と経済の三つのバランスが取れた地域を、地元の人たちと共に新しく創り出していくというのが活動の核となった。そのユニークな手法は、和田信明さんと中田豊一さんという共同代表の手によって、方法論として体系化されている（『途上国の人々との話し方――国際協力メタファシリテーションの手法』みずのわ出版、2010年）。私も一度は、これまでの活動を論文にまとめてみようと思ったが、2日であきらめ、別路線を目指して実現したのが、この『南国港町おばちゃん信金』だ。

＊**ムラのミライのインドとネパールの現地事務所**　インドとネパールの事務所は、各国の法律で、ムラのミライとは別のNGOとして登録されている。インド事務所の正称をソムニード・インディア（SOMNEED INDIA）、ネパール事務所はソムニード・ネパール（SOMNEED NEPAL）という。

第2話　給与はインドルピーです

「援助」の仕事はさっぱり…

インドは遠い。私が10年間暮らしていたアンドラ・プラデッシュ州ビシャカパトナム市まで、中部国際空港（セントレア）からの直行便はない。もちろん成田からも羽田からも直行便はない。そのうえ、インドに赴任した当時（２００１年）は、ビシャカパトナム市に国際空港そのものがなかったので、ここにたどり着くには飛行機を３回乗り継ぎ、２日がかりで移動せねばならなかった。

　話はそれるが、私はセントレアが好きだ。飛行機に乗る用事がなくても、お風呂に入ったり、ショッピングや食事をしたりして楽しめるからだ。空港の建物に入っただけで海外旅行気分は高まる。私は仕事で空港を使うことが多いが、基本的には東海三県（愛知、岐阜、三重）をあまり出たくないというタイプだ。休日の名鉄岐阜駅では、ハンドバッグ一つの軽装で、セントレア行きの電車に連れだって乗り込む楽しそうなおばちゃんグループを何組も見かける。それを見るのも楽しい。

　話をインドに戻そう。ビシャカパトナムはインド東海岸にある港町で、造船や鉄鋼業という重工業で栄えてきた。現在は製薬会社やＩＴ企業も郊外の工業団地にさかんに進出してきている。インドの中では24番目に大きな都市で（２０１４年）、人口約１７０万人（２０１１年）。「比べてナニ？」という感は否めないが、参考まで

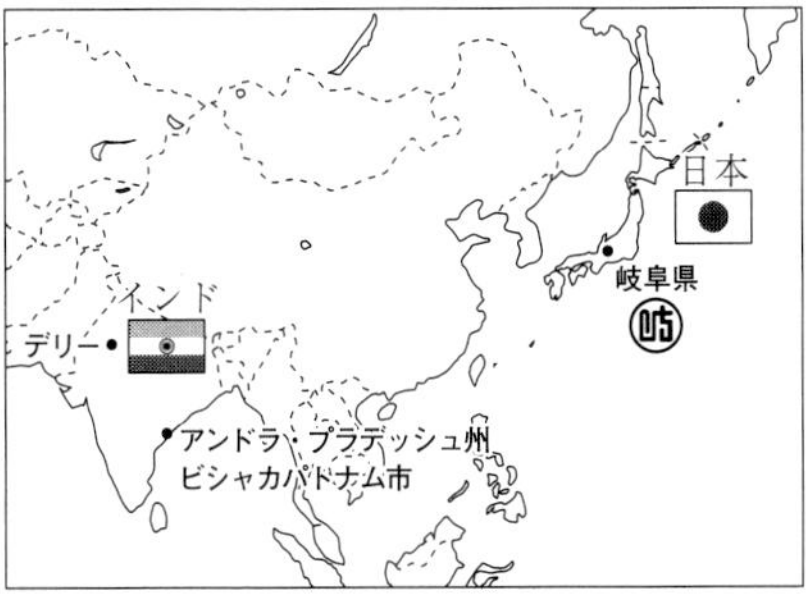

に岐阜県全体の人口は約204万人（2014年）。人口密度で、ビシャカパトナム市は、岐阜県の約13倍だ[2]。とにかく人が多い！　私の実家は岐阜バス市内料金210円よりかなり割高の郊外にあるが、朝晩の通勤・通学時間帯以外、ほとんど近所に人が歩いていない。

　ビシャカパトナムに赴任したての頃、扇風機の故障で眠れない夜が何日もあった。湿度が80パーセント近く、夜になっても30度を超えたままの気温。これで、扇風機ナシで眠れたら強者だ。5階のアパートのベランダで、夜10時頃から明け方5時くらいまで、階下の道路を見ていた。四方に店など1軒もない住宅街の階下の道は、夜通し人の往来が絶えず、誰も歩いていない時間帯などなかった。

　人口は多かったが、同市には、日本人どころか他の外国人もほとんどいない、よって日本料理店もない。四季はなく、「暑い」か「超暑いか」の高温多湿。日本一暑いといわれる多治見市のゆるキャラ「うながっぱ*」は夏にはうちわを配る仕事で大忙しだが、ビシャカパトナムに来たら1年中、うちわを配っていなければならないだろう。

　2001年当時、私が勤めていたNGOムラのミライは、この地にインド事務所を開くことになっていた。「給与は安いよ。しかもインドルピーでしか払えないよ」と言われても、「全然構いません！」と、長年の夢だった「途上国で貧しい人々を助ける仕事」に飛び込んだ。

　私はインドで、痩せるどころか、年々体重を増やし、インドに過剰に適応していった。年に1

週間しか帰国しなくても、毎日インドカレーを食べていても、全然平気。現地の女性の民族衣装のパンジャビドレスばかり着ていた。たまに岐阜で蕎麦《そば》を食べるときも、辛さが足りないと言っては、一味唐辛子で汁を真っ赤にさせていた。

「アタシって、なんてインド生活に向いとるんやろ！」と、インド暮らしで、日に日に丈夫になってゆくのだが、「貧しい人々を援助する」仕事のほうは、さっぱり…。

交通手段は自分の足だけ、というような僻地の農村や、鼻をつまみたくなるような下水とゴミの臭いが充満する都市部のスラムに通い続け、体力に任せてどこにでも足を運んだ。しかし、実際はこわ～いおじさん上司に叱られながら、そのあとをついて歩くのが精一杯というありさまだった。

著しい経済成長を続けるインドでは、超が付くほどお金持ちが暮らす社会と、厳しい環境で暮らす人々の社会との格差がより大きくなっている。そんなインドで、厳しい暮らしから抜け出せないでいる「貧しい」人々や、地元のＮＧＯスタッフたちと英語や現地のテルグ語（コラム７参照）を華麗に操り、汗を流しながら働く、これぞ私が夢見た「国際協力」のお仕事！なんて、思ったのだけど。

そんなことがインドに行って、すぐできるわけがない。たとえば岐阜の田舎に、見ず知らずの外国人がやって来たとしよう。そして「あなたの役に立ちたいのデース！」なんて、いきなり話

しかけられたら、「えらい遠いところから、よう来んさったなぁ」くらいは言うかもしれないが、はっきり言って余計なお世話。厄介払いするのが当然じゃないか。

ところが「援助」とか「支援」とか「国際協力」というヘルメットをかぶって、先進国から途上国へ出かけて行った私。次の第3話で、「援助」というヘルメットを外せないまま、村やスラムを歩いた話をしよう。

＊うながっぱ　やなせたかしデザインによる岐阜県多治見市のマスコットキャラクター。真夏の気温が国内最高気温を記録することの多い多治見市。猛暑の日には、うちわを配り、熱中症予防を呼びかけるのも、うながっぱの仕事の一つ。

町の仕立て屋。スピード仕上げで、サリーのブラウスが約3日。お祭り前は、さまざまな服を新調する人で、仕立屋の前には長い行列ができる。

COLUMN

コラム② カレーとサリーブラウスの裏側

「インド料理に飽きてまったで、まーあと10年は食べれぇへんわ」と口では言いながら、旅先で、南インド料理定番のサンバルやドーサ*を見かけるとつい手が出してしまう。南インド料理は、野菜、肉、そしてスイーツも、実にバラエティが豊富。身長１７０センチ、体重48キロの割り箸体形だった私（２００１年当時）は、油・香辛料・栄養たっぷりの南インド料理のおかげで、10キロ、20キロと健やかに横に成長した。私が普段着にしていたパンジャビドレスは全く身体の線が気にならない作りだったが、サリーは問題だった。身体に巻き付ける5メートル程度の布はよいとしても、中に着るブラウスは身体にピッタリのものが定番。町の仕立屋さんで肩幅、バスト、腕周り等を測ってもらい、オーダーメードしていた。布と仕立代を併せて日本円で６００円程度だが、毎年成長する横幅に合わせて新調するのは面倒だ、と思っていたのは私だけではなかった。ブラウスを裏返せば、たっぷりと3～4センチはある太い縫い代。その上に3重の縫い目。そう、ブラウスがきつくなるごとに、その縫い目を身体に近いほうからほどいていけばよい。2回ほどいてしまうとかなりゆったり。悩みどころは同じと、インドのおばちゃんたちと一体感を感じたブラウスの裏側。

＊**サンバルやドーサ**　サンバルは、トゥアル豆のカレーのこと。タマリンドやレモンを使い、酸味があるのが特徴。香辛料には、クミン、コリアンダー、フェヌグリーク、シナモン、ターメリックを使う。ドーサは、クレープのような南インド定番朝ご飯。米の粉とウラットダール（ブラックグラム）をすりつぶして発酵させた生地を使用。

COLUMN

コラム③　援助ヘルメット

「援助ヘルメットをかぶる」とは「援助する側の勝手な思い込みで援助の現場に乗り込む」ことだ。実際、私はこのヘルメットをかぶっていることすら気づかず、何年も南インドの村々に通い続けた。思い込みはさまざまだったが、たとえば「援助の対象になっている人々は貧しい人だ」とか、「私は援助を受ける村の人より、地元のNGOスタッフより、知識が豊富な専門家だ」など、振り返ると全く根拠のない話で、恥ずかしいばかりだ。こんな援助ヘルメットをかぶって村を訪れたところで、その場で起こっている現実（リアリティ）は全く見えやしない。村人から「村に橋がないの

最初に訪れた南インドの村で、村の人たちの家に何軒も泊めてもらう。その間、頭が洗えず、髪型もヘルメットをかぶっているみたい（1995年当時）。

が問題です。私たちは貧しくて橋の建設費が出せません」などと言われれば、「援助の対象になっている人々は貧しい人だ」というヘルメットをかぶっている私とすれば、それを鵜呑みにするしかない。援助ヘルメットをかぶっていることに気づいた私は、まず「それはアタシの思い込みやないの？　いや、相手の思い込みかもしれぇへん」と疑うようになった。そしてヘルメットを外し、現場のリアリティに迫る術を身につけるのに必死になった。

第3話　途上国「援助」における職人技とは？

親方の技を、現場で盗みたい

3食毎日カレーを食べながらモリモリ体重を増やし、インドに適応していった私だが、仕事のほうはさっぱり。私が、ムラのミライが支援する南インドの山村を初めて訪れたのは1995年だった。2001年にムラのミライのスタッフとなるまで、ボランティアで活動現場に通った。有給スタッフになっても、給料はすずめの涙。なぜそこまでして現場にこだわるのか。その訳は、そこに現場の職人がいたからだ。そもそも、この「途上国援助」における現場の職人というのはあまり知られていない。ムラのミライの旧い定款には「途上国の貧しい人々の自立を支援する」

とあった。[3] そのためには、まずその人たちが何を必要としているのか、よく知ることが出発点となる。ところが、援助に限らず、お金を出すほうは強い。得てして、自分の都合、理想、善意のみで援助してしまいがちだ。

一方、援助の対象となる「貧しい」人たちは、それゆえにと言うべきか、大抵は援助する側の希望や提案を聞いてくれる。いや、聞いた「ふり」をしてくれる。彼／彼女らの多くは援助されることに慣れているので、何を言ったら相手（援助する側）が喜び、自分たちが次の援助を手に入れられるかを心得ている。こうした相手の「ふり」に惑わされない何かが、ムラのミライの現場にはあった。それが何なのか、最初の頃は全くわからなかった。

私が現場で、ムラのミライの和田信明さん（共同代表）を通じて見た「何か」は、本を読んで[*]できるようになるものではなかった。ならば、和田さんの技術を盗むために、鞄持ちをしてでも、和田さんのいる現場に行くしかない。気が付いてみれば、職人の「親方」と「徒弟」の世界になっていた。

当時の私は、和田親方がいとも簡単に現地の人たちとやりとりをし、彼／彼女らの本音を聞き出しているのを、ひたすらメモした。大学院まで行って「援助」の勉強をした私だ。2回くらいインドに通えば、すぐ親方のようにできる、と思った。

ところが、できない。試しに親方のいないところで、何度も村やスラムのおじさん、おばちゃ

んたちと話そうと試みた。いないところで、というのがポイントだ。なぜなら親方がいれば、必ず「黙ってろ」と叱られるか、無視されるかのどちらかだからだ。親方は、半人前に仕事はやらせない。こっそりおじさん、おばちゃんに話しかけてみる。すると、一つか二つ質問すると、頭がすぐに真っ白になる。もちろん、会話は続かない。

「何でアタシにはできぃへんの？　アタシに何が足りんの？」と親方に聞いたところで、教えてはもらえない。しばらくは「アタシやったら、どぉしよっかなぁ」と考えながら、親方のやることをノートに書き続けた。

＊本　1995年当時は、職人技の型を学ぶ本『途上国の人々との話し方』（前掲）はまだ出版されていなかった。

おばちゃん信金事務所（2005年当時）でスタッフと記念撮影をする和田信明さん。「VVK」は、おばちゃん信金の名前（コラム11参照）。

COLUMN

コラム④ 「援助」の現場の職人——親方紹介

ムラのミライの設立者、和田信明さん。インドはもちろん、インドネシア、ネパールを中心に直弟子と孫・ひ孫弟子を数多く持つ。直弟子はともかく、孫・ひ孫弟子とは何か。親方に直接学んだ直弟子たちが、一緒に活動する人たちに次々とその教えを自主的に広め、また、その教えを受けた人たちが、さらにその教えを広めるということをしているのだ。和田さん流の技法を身につけたファシリテーターが増え続けている。

「ファシリテーター」にはさまざまな定義があるが、本書では「コミュニティの課題をその土地の人たちが解決できるよう手助けする人」という意味で使うことにする。私はそれを「**援助しない技術**」と呼ぶことにしているが、親方はこの援助しない技術の達人だ。1

995年、私が名古屋大学大学院国際開発研究科に在学中、「修士論文を書くために現地調査がしたい。ムラのミライが支援する南インドの村に連れて行って欲しい」と和田さんに手紙を書いた。一生懸命なのはわかるが何を言いたいのかがわからんと、親方はブルータスの文章を評したカエサルのような言葉で、私の手紙や修士論文の内容の無さを指摘したが、それでもしぶしぶ私を村に連れて行った。インド人も行かないような山奥の村*で、ある村人に何時間もかけて質問し続ける親方とそれに楽しそうに答えるその村人とのやりとりを目の当たりにしたのが、私の修業の始まりだった。

＊山奥の村　注23参照。

COLUMN

コラム⑤

職人技の型を学ぶ本　『途上国の人々との話し方』とは？

『途上国の人々との話し方』を「途上国援助」の現場に持っていく人が増えているという。同書の随所に、付箋を貼り、蛍光ペンで線を引き、本にある通りに村人とのやりとりを試みていると聞く。なかには何人かで1冊を回し読みし、あちこちに各自が書き込んでいるケースもあるらしい。そんなことをするくらいなら、早く自分用に1冊買って、ついでにこの『南国港町おばちゃん信金』も買ってくれるとさらによろしい。同書の著者の1人でムラのミライ共同代表の中田豊一さんは、2000年、ラオスのある村で、和田さんと村人とのやりとりを目の当たりにする。和田さん自身、意識せずに使っていた手法は、中田さんの「自分が行う援助は、本当に途上国の人々の役立っているのか？」という曇りを一気に晴らしたという。ラオスから帰国後、中田さんはこの手法の理論化と体系化に取り組んだ。2010年に和田さんとの共著で発行された同書は、2人の途上国での現場経験によって培われた手法にあふれている。私が「国際協力」の世界に飛び込んだ1995年にこの本に出会っていたら、「見てわからんものは、聞いてもわからん。技は盗め」と叱るか無視するかどちらかのコワ～イ和田親方ではなく、手法を解きほぐしながら懇切丁寧に教えてくれる中田さんに弟子入りしていたことは間違いない⁉

『途上国の人々との話し方』の序章「曇りガラスが晴れるとき」から「あとがき」までの全430ページは、猛スピードで展開する推理小説のよう。

第4話 「手ぶら」でスラムを歩きました

大勢に囲まれしどろもどろ

私が10年暮らしたインドのビシャカパトナム市のスラムの人口は、30万とも50万ともいわれているが、まず誰も数えられないだろう。近隣の農村部のあちこちから、賃労働を求めて出稼ぎにやって来た人々（とその家族）だ。近年その数は急速に増え、狭い地域のさまざまな場所にスラム街を作り、身を寄せ合って暮らしている。

迷路のような路地。道路や壁一面を真っ黒にするハエ。ふん尿、生ゴミ、粗大ゴミなどすべての排出物であふれる下水。そこを住み処とするまるまると太ったドブネズミ。建設中か、取り壊し中なのか、わからないような建物。2階建てか、3階建てか、わからないようなバラック。中は小さな部屋に区切られ、6畳くらいの広さに10人以上暮らしているのはざらだ。壁も、天井も、階段も、今にも崩れそう。

スラムの中には、犯罪と中毒患者のデパートと呼ばれる地区もあったが、しかしそれはごく一部。ほとんどは野菜、雑貨などを扱う小さな商売や、建設現場、荷運びといった肉体労働、あるいは職人として生計を立てている人たち（とその家族）が、ささやかに、そしてにぎやかに暮らしていた。

２００３年、私がインドに赴任して2年ほど経ったとき、「手ぶらでスラムに通いなさい」と、和田親方に言われた。「手ぶら」というのは「援助プログラムというお土産を持たずに」という意味だ。

私は、そこで以後8年近く付き合うことになるスラムのおばちゃんたちと出会った。ところが最初の頃の私ができるやりとりは、以下のようなもの。緊張しているので、雰囲気としては岐阜弁でなく、標準語を使っている私。

私「わたしは、原康子と言います。日本人です。ビシャカパトナムのスラムのことを勉強しています」

おばちゃん「ほぉかねまぁ〜、ほんで？」

私「ところであなたのお仕事を教えてもらってもいいですか？」

おばちゃん「アタシは野菜の行商人やよ」

私「いつからここにお住まいですか？」

おばちゃん「そんなもん、生まれも育ちもここやてぇ。結婚して、子どももここで産んでまったわぁ〜」

私「そうですか…」

だいたいここまでやりとりすると、あとはもう頭が真っ白。ま、これくらいは、おばちゃんたちも私に付き合ってくれる。しかし、顔には「どいつもこいつも、同じ質問しかせえへんわぁ」と書いてある。おばちゃんたちは明らかにイライラしているのに、そんなことも私にはわからない。しびれを切らしたおばちゃんたちは、決まってこう聞いた。

おばちゃん「で、アンタ何をくれるの？」

私「いえ、私は皆さんのことを学びにきたので、とくに何の援助も考えていません」

親方に「スラムに足を運べ」と言われているだけだ。そう答える以外の知恵はない。こう答えると、おばちゃんたちからは、「何もくれんのかね、たぁけらし（ばかばかしい）。ほんならさっさと帰りゃあ。アタシは忙しいんやで！」と

怒鳴られる。ときには数十人のおばちゃんに囲まれて、「アンタは何をくれるんだ」と詰め寄られる。その都度、しどろもどろする私。これまで「なんで私に直接、スラムのおばちゃんとやりとりさせくれぇへんの?」と親方に文句を言っていたのは、どこの誰だ。おばちゃんたちと、ろくに関係すら作れない当時の私だった。

COLUMN

コラム⑥ ビシャカパトナム市のスラム

南インド、アンドラ・プラデッシュ州の州都ハイダラバードから東へ６２５キロ、ベンガル湾に臨む港町、ビシャカパトナム市。同州の中では州都に続く第2の都市だ。本書ではスラムと一括りにして語っているが、実際、私が一緒に活動していたおばちゃんたちが住んでいるのは1カ所ではなく、同市全域に及ぶ。港や駅に近い市内中心部の古いスラムでは、すでに親子孫の3世代がスラム生まれのスラム育ちという人も珍しくない。２０１１年のインド国勢調査では、スラムの定義を「コンパクトなエリアに、コンクリート以外の屋根の住宅が建ち、飲料水へのアクセスがなく、トイレや下水のない地域」と規定している。しかし、インドにおけるスラムの定義は各地方政府が個々に決めてよいことになっ

ビシャカパトナム市内のスラム。朝は、どこの家でも、路上で洗濯、掃除、煮炊きで大忙し。

ており、とても曖昧《あいまい》。おばちゃんたちの中には、上記の定義通りのところに住んでいる人もいれば、この定義のうちどれか一つは当てはまるというような場所に住んでいる人もいる。市内の中心部に近いスラムほど、親戚付き合いや近所付き合いの密度は濃い。一方、近年では、国の低所得者用団地が建ち並ぶ郊外地区へと移り住む人々も増えていて、こうした近所付き合いは疎遠がちとなっている。本書でこれから紹介する「おばちゃん信金」は、こうした郊外地区も含めて、女同士の新しいコミュニティの役割を果たしていくことになる。

COLUMN

コラム⑦ 岐阜弁とテルグ語

テルグ語[4]は、アンドラ・プラデッシュ州の公用語で、私が南インドのおばちゃんたちと話すときに使っていた言葉。インドではヒンディー語、ベンガル語に次いで、話している人が多い言語だ。今は『基礎テルグ語』[5]というとてもわかり易い日本語で書かれた教科書があるが、２００１年に同州に赴任した当時は、教科書らしい教科書は皆無だったので、

地元の新聞やカレンダー。

独学で学ぶよりほかなかった。10年も暮らすとボキャブラリーは増えるが、文法はデタラメのまま。テルグ語検定がなくてよかったとつくづく思う。今でも私がテルグ語で話すと、テルグ語の通訳が付く。おばちゃんたちの中で勘のよい人が通訳となり、私が今「何を話しているか」というテルグ語自体ではなく、今「何を話そうとしているか」を理解し、それを通訳してくれる。文字や文の最後が「う」の音で終わることの多いやわらかい響きのテルグ語。そのテルグ語をけたたましく話すおばちゃんたち。こうしたおばちゃんたちとのやりとりを日本語の標準語に訳すと、なんだかよそよそしくて、いつも違和感があった。で、本書に収めたおばちゃんとのテルグ語の会話は、私の地元の方言、岐阜弁にしようと決めた（ついでに、おばちゃんたち以外の人たちとのテルグ語の会話も）。しかし、テルグ語と同様、岐阜弁もいい加減な私。そこで岐阜弁方言指導のほうは、岐阜生まれの岐阜育ち、ネイティヴスピーカーの澤野都さんにお願いすることにした。彼女が「てったたるわ～（手伝ってあげるよ～）」と言ってくれたおかげで、本書ではインドのおばちゃんたちとのリアルなやりとりを、岐阜弁を通じて見事に再現することができた。

COLUMN

コラム⑧ インドのおばちゃんたちとの関係づくり

途上国の農村や都市スラムを訪れるとき、細心の注意を払うのが「相手との関係づくり」だ。普段から大抵の人は「よい関係づくり」を心がけている。だが一旦、途上国に援助目的で出かけてしまうと「お金を持っている」というだけで、いつもは気をつけている「相手との関係づくり」を一気に忘れてしまうのが恐ろしい。南インドのおばちゃんたちは、初対面から私のことを「マダム」と呼ぶ。どんなに謙虚に振る舞っても、どんなに低姿勢で「おばちゃんたちとは対等です」と言っても、それは「お友だちごっこ」でしかない。そもそも援助プロジェクトがなければ、私はそのスラムに行かなかったはずだ。それを踏まえたうえで、「なぜ自分は今ここにいるのか？　おばちゃんたちと私との間にはどんな共通課題があるのか？」と常に自分に問いかけること。初対面の人には、必ず自己紹介をすること。訪問の目的を、読み書きのできないおばちゃんたちがわかる言葉で説明し、「皆さんのお話を聞きたいんやけど、ええやろうか？」と合意を求めること。途上国とか援助とかにかかわらず、普段通り「よい関係づくり」を気にかけることが大切だ。「私が何をしたいのか」をきちんと相手に伝えることができ、よい関係を作っていこうと心がければ、「相手との関係づくり」は難しいことではない。かく言う私であるが…。（後段でどんどん明らかになってゆくように）当時の私にはそれが全くできていなかった。

第5話 何か変だぞ、おばちゃんたちの自助努力

NGOに依存しまくり

手ぶらでインドのスラムを歩き、おばちゃんたちに「何かちょ〜だい」と迫られた私であるが、「援助の専門家」としてインドにいるのだ。おばちゃんたちに「何もくれぇへんのやったら、さっさと帰りゃあー！」と言われて、怯《ひる》むわけにはいかない。

「援助という『おみやげ』を持たずに手ぶらでスラムを歩きなさい」と親方は言った。その意味は、そこに暮らすおばちゃんたちが何を本当に必要としているかをまず知りなさい、ということだったのだ。おばちゃんたちは、こちらが持って行きたい「おみやげ」をぶら提げて出かけていっても、たしかに喜んではくれる。しかし、そのおみやげがおばちゃんたちに本当に必要かどうかは、わからない。「気持ちはありがたいけど、これをもらってもなぁ」というおみやげは、私たちの生活でもよくあることだ。*

もっとも、おばちゃんたちが欲しがってばかりかというと、それは大間違い。2011年の東日本大震災の直後には、「被災してどえらい目に遭った日本の人んたぁを思うと、悲しいでいかんわぁ。アタシんたぁも一緒にお祈りしとるで！」と、被災者を気遣うおばちゃんたちからの電話で、私の携帯は鳴りっぱなしだった。互いにののしり合うときも、人を気遣うときも、声が大きく、けたたましい。でも彼女たちの他人への共感の大きさは、実はその声以上の大きさなのだ。

読み書きができる、できないにかかわらず、100〜1000円単位の損得計算では超速のおばちゃんが多い。

さて、親方は、「アタシんたぁは貧乏人やで、援助しないかんがね〜」とおばちゃんたちに言われても真に受けない。彼女たちの「思い込み」と「現実」を上手に聞き分ける。そのときの尋ね方がとても自然で、質問しているほうも、されているほうも楽しそう。そして、やりとりをしていくうちに、「本当に必要なものは何か」が見えてくる。おばちゃんたちもその「何か」に気づいていく。あとは、その「何か」をどうすれば手に入れることができるのか、おばちゃんたちと話し合い、それを実現していくために一緒に行動する。

言葉にすればわずか数行のことが、当時の私には全くできない。とにかく親方に「スラムに通え」と言われ、その通りにするのが精一杯。でも自分では気づかなかったのだが、おばちゃんたちに迫られてしどろもどろになりながらも、1年も通うと、おばちゃんたちとのやりとりができるようになっていた。

2年近くスラムに通ってわかったのは、おばちゃんたちの間で大ブームのインド版頼母子講《たのもしこう》**が、なんか変だということ。建前は、「貧しい」女性たちの自助努力による相互扶助。隣近所で10人から20人のグループを作り、毎月みんなで貯蓄する。プールされた貯蓄の中から、必要な人にお金を貸す。借りた人はそれを返す。これを繰り返し、お金を回転させてゆくというものだ。

お土産
今日もつかれたわ
生活が楽になる『援助』してくれないかね〜
世の中って不公平よっ
援助の『お土産』誰かくれ〜〜
今お土産って言いましたね
持ってきましたよ
これで生活が楽になるわっ
飛騨のさるぼぼよっ
すっごい人気なの

ところが実際は、「アタシんたぁ貧乏人がおらへんと、アンタの給与がでぇへんやろぉ！そやで、アタシんたぁの講の帳簿をアンタが付けないかんてー。ほれ、銀行へ記帳に行ってこやぁ。ほんで融資話があったら、すぐにアタシんたぁに回しゃあーよ、えかっ！」などと、地元のNGOに依存しまくっている。それが、おばちゃんたち自身の生活をさらに苦しめる要因にもなっている。

そこで、おばちゃんたちとのやりとりを重ねながら、2年間の調査の後、《おばちゃんたちの頼母子講《たのもしこう》が本当の相互扶助グループになるために！》という目標を掲げて、3年間（2004年7月〜07年6月）のプロジェクトを立ち上げることになったのだ。

＊4コマ漫画「お土産」に登場する「飛騨のさるぼぼ」 「さるぼぼ」は、岐阜県飛騨地方で話される飛騨弁で「サルの赤ん坊」という意味。同地方の郷土人形で厄除け・縁結び・安産などお守りとして有名。

＊＊インド版頼母子講 マイクロクレジットグループのこと。南インドではセルフヘルプグループ（Self Help Group［SHG］）と呼ばれている。コラム11でちょっとだけ解説。

COLUMN

コラム⑨ 「援助の専門家」——自称コミュニティ開発専門家

「援助の専門家」にはいろいろある。医者・看護師などの医療保健分野や、教育分野の専門家をはじめ、道路や橋、上水道、発電所、鉄道、灌漑、通信など基幹インフラに関わる技術の専門家、農林水産分野の専門家、あるいはＮＧＯや各国政府、国連などさまざまな立場から援助の長期的な戦略を立てる専門家もいれば、援助がスムーズに実施できるよう関係組織間の調整にあたる専門家もいる。専門家には資格や免許を持つ人も多いが、私が履歴書に記載している「コミュニティ開発」には、これといった専門資格がない。私がいくら親方に付いて15年近くファシリテーターとしての修業を積んだとはいえ、ファシリテーターという資格そのものがない。自称「専門家」である以上、言ったモン勝ちであるという点は否めない。そもそもコミュニティ開発という言葉自体、どこか変だ。どんな社会でも何らかのコミュニティはすでに存在している。何代にもわたって築き上げられてきたであろうそのコミュニティを、よそ者が「開発する」なんて本当は相当おこがましい話だ。そこに住む人々自らが課題を発見し、認識し、解決してゆけるような手助けができないなら、わざわざよそ者が出かけて行く意味はない。自戒の念を込めて、改めて思う。自称「コミュニティ開発専門家」としての私の目標は、まさにそういう手助けが少しでもできるようになることだ。

COLUMN

コラム⑩ 対話型ファシリテーション講座

中田豊一さんはラオスで旧知の和田さんと再会（２０００年）して以来、ファシリテーション技術の体系化を目指し、少人数講座形式でその技術の普及を続けてきた。この講座は「対話型ファシリテーション講座」[6]と呼ばれる。ムラのミライが行う同講座において、中田さんは「対話型ファシリテーション」を次のように説明している。「問題解決のためのグループ作業を側面から支援する実践的な技法として、国際協力の現場で開発されたもの。シンプルな対話を通じて、当事者主体の学びと気づき、さらには行動変化を促すための技術である」。日常生活でも実践できる練習方法とその理論を学ぶ基礎講座から始まり、受講生は各自の活動現場での実践を経て、中級、上級講座へと進む。ムラのミライでは定期的に各地で基礎講座[7]を開催しているので、その気になればいつでも誰でも気軽に受講できる。「当事者主体の学びと気づき？　さらに行動変化を促す？　そんなのムリ、難しすぎる～」と思っている方にこそ、ぜひ一度講座を覗きにきて欲しい。

ネパールの首都カトマンズで行われた地元ＮＧＯスタッフを対象にした講座。写真手前が講師の中田豊一さん。

受講生は、「途上国援助」関係者だけでなく、福祉や教育の分野、公益活動に携わる人など多岐にわたる。実践的なコミュニケーションとファシリテーションの手法を求める声は高まりつつあり、本講座の受講者はすでに430人を超えている[8]（2014年3月現在）。

COLUMN

コラム⑪ マイクロクレジットいろいろ

本書ではマイクロクレジット（小規模融資）のことをインド版頼母子講《たのもしこう》と訳したのだが、一般的に知られている「頼母子講《たのもしこう》」との共通点は、「地縁血縁に根ざした相互扶助」という点にある。こうした互助グループは、南インドではセルフヘルプグループ（SHG）と呼ばれ、ご近所さんや親戚で、10人から20人のグループを作り、毎月少額の貯蓄を積み立て、貯蓄をグループメンバーに融資する。貯蓄を担保にして、連帯責任で銀行から融資を受けることも可能だ。こうしたグループの数は、インド全土で約800万ともいわれている[9]（インド農業・農村開発銀行、2013年）。スラムのおばちゃんたちの多くもSHGに属しているが、連帯責任というのが

おばちゃん信金の入り口と看板。家賃の値上がりで、事務所の引越を繰り返す。写真は設立から3度目の信金事務所（2011年当時）。

実はやっかいだと思っているおばちゃんたちは多い。グループ単位では、個人でお金が必要なときに、必要な金額だけの融資が受けられないという問題があるからだ。そこで、これから紹介する「おばちゃん信金」（正称ビシャカ・ワニタ・クランティ Visakha Vanitha Kranthi〔VVK〕。文字通り訳すと「ビシャカで輝く女性の集まり」）では、「個人」が信金に出資金を払って入会し、自分の貯蓄額と出資金に応じた融資をいつでも受けられる金融機関を目指した。少額でも自分が借りたいときに借りられるというコンビニエンス・ストアのような信金だ。

第6話　赤カブ漬けと「援助プロジェクト」

すべての仕事を徹底的に

南インドのスラムで「おばちゃん信金」プロジェクトが始まった2004年7月、私は、生まれて初めて「プロジェクト・マネージャー（プロマネ）」という役職に就いた。

2007年6月までの3年間の予定で始まったこのプロジェクトは、青年海外協力隊で名前をご存じの方も多い独立行政法人国際協力機構（JICA）がNGOムラのミライからの企画・提案を受け、同NGOに事業委託したものだ。

「援助プロジェクト」には資金がいる。どの援助団体にとっても資金集めは最大のネックの一つだ。数でいえば、日本では、個人のお金や有志からの寄付を資金源にした「援助プロジェクト」が最も多い。私の周りでも会社勤めをしながら収入の一部を充て、あるいは退職後の退職金を使って、手弁当で途上国の学校や病院を支援している人たちがたくさんいる。私もそういう時期が長かった。JICAの委託事業は、こうした「援助プロジェクト」を資金面で支援する制度だ。これを利用したい援助団体は、事前調査をもとに3年間のプロジェクトの提案書（予算を含む）を作り、JICAに資金を申請。申請が採択されれば予算が付き、いよいよプロジェクトが開始される。手弁当でやっていた頃は、事業報告は寄付者のみに行えばよかったが、税金を使ってのJICAの委託事業には、当然JICAへの報告も必要になる。

「援助プロジェクト」を飛騨《ひだ》の特産品「赤カブ漬け」に喩《たと》えてみよう。製造元は、赤カブの畑の土づくりから、種選び、収穫までの手入れにこだわる。漬ける樽《たる》、塩、重しに使う石などすべて自分で見つけてくる。漬物は生き物だから、樽《たる》出しするまで気が抜けない。いつ石の重さを変えるか、いつ表面のカビの膜を取り除くか、職人の技の見せどころだ。漬物を売るときにも、包装の質から店の室温まで徹底的にこだわる。しかも、赤カブ漬けには、家庭でも作れる甘酢漬けから、葉付きの赤カブを樽《たる》で長期熟成させた長漬けまで、いろいろな種類の漬け方がある。

「援助プロジェクト」も同じだ。「援助プロジェクト」の相手は人間。赤カブ漬け同様、全く気が抜けない。お金さえあれば、現地での事前調査も研修も手間ひまかけずに、外注するほうが効果的だ――そう思っている援助関係者は少なくない。だが親方は、こだわりの赤カブ漬け職人のように、プロジェクトに関わるこれらすべての仕事を自分で徹底的にやる人だった。

さて私にとって最初の「赤カブ漬け」は、スラムのおばちゃんたちと共に作る新しい「インド版頼《たの》母《も》子《し》講《こう》」。スラムのおばちゃんたち自身による相互扶助を、建前ではなく実際に実現しようとするプロジェクトだ。最終的に、いくつかの講が集まって、小さな信用金庫を作るのが目標。おばちゃんたちが自前の組織を作り、それを自分たちで運営する。そんなことができるなんて、当初は地元のＮＧＯも、おばちゃんたち自身も、誰も信じていなかった。

ところで私の役職、プロマネに与えられた仕事とは何か。ちょっと気取って書けば次のようになる。まず頭の中にプロジェクトの到達点が記

された地図を持ち、プロセスに応じた活動を個々に組み立てながら、あるときは前進し、あるときはおばちゃんたちの出方を待ち、あるときは後退もいとわず、プロジェクトの関係者全員を目標に向かって牽引する。場合によっては、最初に敷いたレールにとらわれることなく、状況の変化には敏感に反応し、より望ましい第二、第三の道を切り開いてゆく。要は、羅針盤を片手に、風や潮や乗組員の状況を見ながら、ときには進路を変更し、縦横に船を操る船頭みたいな仕事だ。

　と、ここまで書いて、ふと我に返る。当時の私にできるはずがない。待たなくてもいいときにただじっと待ってしまったり、見当違いの方向へおばちゃんたちと一緒になって猪突猛進《ちょとつもうしん》してしまったり…。その連続だった。

COLUMN

コラム⑫　JICA草の根技術協力事業

「国際協力」の形はいろいろある。NGOが行うもの、個人やグループが行うもの、国が行うもの（政府開発援助［ODA］）、あるいは国際機関などを通じて多国間で行うものもあれば、大学、企業、地方自治体単位で行うものもある。「おばちゃん信金」プロジェクトは、NGOムラのミライがJICAの「草の根技術協力事業」という制度を活用して立ち上げたもの。ＯＤＡの一環として実施されている同事業は、制度的には国がＮＧＯや大学、地方自治体などからプロジェクトの提案を募って、これらの団体・機関に国の事業を代行させる「業務委託」なので、何かと制約は多い。そのことは、同制度を使ったことのある人たちの間ではよく知られている。先立つものがないムラのミライは、それを踏まえたうえでこの制度を2度活用しながら、「おばちゃん信金」プロジェクトを実施した。正式のプロジェクト名はとても長い。最初は「都市近郊農村部の女性自助グループと都市スラムの女性自助グループの連携による新たな産直運動構築と自立のための共有財産創出（２００４年7月から07年6月までの3年間）」、次を「ビシャカパトナム都市近郊の低所得者を対象としたマイクロクレジット強化（２０１０年3月から11年7月までの1年４カ月間）」という。プロジェクト実施中は、ＪＩＣＡ職員も、名古屋の中部国際センターやデリーの在外事務所から、何度も現地に足を運んだ。名古屋とデリーの両方で同プロジェクトに必要な膨大な書類を処理し、現地ではおばちゃんたちに迫られつつ、文字通り大汗をかいて信金を支えたＪＩＣＡ職員の数はとても多い。ＯＤＡだからとか、制度上の制約がうんぬんだとか、いろいろあるが、お金に名前は書いていない。税金をきちんと使ったかどうかが何より大事だ。「おばちゃん信金」プロジェクトは、日本の皆さんの税金のおかげで、見事に南インドのおばちゃんたち自身のプロジェクトとして歩み出していっただけでなく、ＮＧＯで働く日本の若者たち（当時は私だって若者だ）を育てることにも、大きく貢献するものとなった（自画自賛）。

第7話　与える以外の「援助」ってあるの？

地元NGOとの勝てない喧嘩

桜と祭りの季節ともなれば、岐阜県でも、春の高山祭、古川祭、道三まつりと祭りが続く。祭りといえば、神様の数では世界一のインド。神様の数だけ、祭りも多い。祭りとそれ以外の日の区別が難しいにぎやかなインドで過ごした日々が懐かしい。

さて、「おばちゃん信金」プロジェクトが始まり、初めてもらったプロジェクト・マネージャー（プロマネ）という役職に浮かれていた２００４年当時の私。親方の虎の威を借り、地元のＮＧＯのスタッフやスラムのおばちゃんたちに、やれ予算だ、スケジュールだ、と偉そうに振る舞うばかり。これでインドの人たちが怒らないほうがおかしい。

春の高山祭り。1台の屋台を引くのに10人から15人は必要だが、高齢化と過疎化は、祭りにも影響が。屋台の引き手の人数集めが年々困難になっているという。写真提供：岐阜新聞社

親方は、スラムのおばちゃんたち自身が経営する信金設

立に向けて、さまざまな研修をした。おばちゃんたちにとっては、これまでなんとなく続けていたインド版頼母子講《たのもしこう》。親方に叱られ、やる気になり、自分たちの頼母子講《たのもしこう》を本当の意味での相互扶助グループにしようと、自主的に活動を始めるおばちゃんたちも現れた。

私も試しに会議のとき、おばちゃんたちを叱ってみたが、誰も私の言うことは聞いてくれなかった。当時の私は、自分がよく知りもしないインド版頼母子講《たのもしこう》について、わかったような顔をしていただけだ。また、親方を真似て「おばちゃんたちの潜在能力を信じている」と言いながら、その実、彼女たちにできることと、できないことがよくわかっていなかった。

そんなとき、私を最初にスラムに連れて行ってくれた地元のNGOが、この信金プロジェクトに加わることになった。発足以来6年間、献身的に、子どものための夜間補習塾、銀行ローン斡旋《あっせん》、縫製トレーニングなど、さまざまな支援活動を続けてきたNGOだ。しかしこのNGOにとって、いやこのNGOに限らず多くの援助団体にとって、スラムの女性たちは「援助を受けるだけ」の存在だった。断っておくが、このNGOに人を見下す気持ちや悪意はこれっぽっちもない。あるのは善意だ。長年、援助は与えるものだと思い込んでいる人たちに、「スラムの女性たち自身で信金を経営する」と言っても、まず理解してもらえない。

このNGOの代表がある研修の後、私に詰め寄ってきた。私が親方を恐れているように、彼女も親方は怖いのだ。文句はすべて私にくる。このときの研修のテーマは、インド版頼母子講《たのもしこう》の本

肩書き
今日から私はプロジェクトマネージャーか〜
わくわくするな〜
原さん 来月のスケジュールどうします？
今なんて？
だから来月のスケジュールですよ
そういう事じゃなくて…
私の事をプロジェクトマネージャーとお呼び!!
キャラが変わってきてる…

来の目的、相互扶助に関するものだった。相互扶助の大切さを考えながら、彼女たち自身で講を運営し、いくつかの講が集まって信金を経営することの意味を学んでいくというもの。

文句はこうだ。「おばちゃんたぁが信金を経営するやと？　そんなたーけた（おかしな）支援はしたことないわー。あたしらは、貧しいおばちゃんたぁにエエと思っていろいろな援助したったんやがね。それが、おばちゃんたぁに依存心を植え付けてまったというんかね」。思わず「その通り！」と言いそうになったがグッとこらえた。言えば、間違いなく喧嘩《けんか》になる。そしてその喧嘩《けんか》に、当時の私は、絶対勝てない。もし、このとき、「与える以外の援助があるんやったらアンタ見せてみぃ」と詰め寄られても、これだ、というものは私にはなかった。

テルグ暦で新年になると、新聞の折り込みや店先で無料配布されるテルグ暦カレンダー。写真はおばちゃん信金メンバーの家の壁。

COLUMN

コラム⑬

テルグ暦カレンダー

カタカナが続くが、ざっと読んでいただきたい。サンクランティ、マハシバラトリ、ホーリー、ウガディ、スリラマナワミ、ヴァララクシュミワラタム、スリクリシュナスタミ、ラムザーン、ヴィナヤカチャヴィティ、ダサラ、バクリド、ディワリ、ナグァチャヴィティ、モハラム、クリスマス。これが何だかすぐわかった方は、かなりのアンドラ通。これは２０１２年の「おばちゃん信金」の祝日リスト。ヒンズー教徒が約9割を占めるアンドラ・プラデッシュ州では、信金のおばちゃんたちも圧倒的にヒンズー教の人が多い。ヒンズー教の祝日は全部で年間16日。それに加えて、イスラム教やキリスト教の祝日もある。ヒンズー教のお祭りの日は毎年異なるのだが、それは太陰太陽暦を使用しているためで、さらにインド国内でも各地方によって暦が異なる。同州ではテルグ暦が使われており、テルグ暦カレンダーは、どこの家庭にも一つは必ずある。縁起の良い日、悪い日、祭り、月の満ち欠けが、一目でわかるようになっている。信金の会議や研修の日程を決めるときにも、テルグ暦は必須。おばちゃんたちは、テルグ暦を片手に、縁起の良い日と自分の都合の良い日を大声でどなりながら、研修や会議の日程を決める。私たちスタッフは、彼女たちの都合に合わせて研修スケジュールを組むのだった。

第8話 おばちゃんたちは「お客さん」ではない

「黄金の椅子に座る物乞い」

世界第2位の砂糖生産国インド。カレーの国インドは、実はスイーツの国でもある。その甘さは、一度に栗きんとん、起き上がりもなか、鮎菓子、げんこつあめ、水まんじゅうを食べ、仕上げに小倉トーストを食べた感じに近い。[11] 一番のお薦めは、一口サイズの丸い揚げドーナツを砂糖シロップにどっぷり漬けた感じのお菓子「グラブジャムン」の熱々を、バニラアイスクリームにのせて食べることだ。その甘さは、前述の通り。

ところが、援助の現場の仕事は、インドスイーツのようには甘くなかった。

「貧しい人々を支援する仕事がしたい」という思いで飛び込んだ援助の世界。しかし、この「貧しい人々」がクセ者だった。

2004年9月、私のインド版頼母子講《たのもしこう》の先生（ジャヤチャンドランさん）が指導する「アクシャヤ銀行」にスラムのおばちゃんたちと出かけて行った。

「アクシャヤ銀行」はチェンナイにある。ビシャカパトナムからは、列車で一晩の長旅だ。これまでさんざん地元のNGOや政府の役人たちから、「無知で無能で貧乏人」という扱いを受けてきたおばちゃんたち。自分たちで信金を経営するなんて絶対に無理、ほとんどがそう思っている。地元のNGOスタッフもそう思っている。

ところがこの「アクシャヤ銀行」。先生に訓練されたチェンナイのおばちゃんたち自らが経営しているという。それを自分たちの目で確かめに行こうというのが訪問の目的だ。

ジャヤチャンドランさんは、とても厳しい先生だが、おばちゃんたちの潜在能力を信じるがゆえの厳しさは、インドの多くの州の頼母子講のおばちゃんたちに慕われている。

この銀行は、新入会員に、「貧乏度」を測る簡単なチェックを行う。「貧乏」の度合いの高い人から優先的に、ローンを借りられるという仕組みだ。ビシャカパトナムのおばちゃんたちも試しにこれをやってみた。その結果、貧乏、貧乏と言うが、その度合いは人によってさまざまだった。「貧乏度」が意外に低かったおばちゃんたちは、「なんと言われても、アタシは貧乏人やよ。真っ先にローンを借りられんのはおかしいやんかー」と文句を言う。そのとき、頼母子講《たのもしこう》の先生は、おばちゃんたちを一喝した。

「いつまでも自分は貧乏人だと言うなら、それで結構。貧しい、貧しいと言い続け、誰かが助けてくれるまで待っていろ。頼母子講《たのもしこう》を始める前、あんたたちには1円も自分の金と呼べるものがなかった。しかし今はたとえわずかでも、講で貯めた金があるだろう。それを、ちゃんと運用することを学ばず、貧乏だと言い続けるあんたたちは、黄金の椅子に座っているのに気づかない物乞いと同じだ」。

先生に厳しく叱られたおばちゃんたちは、ショックでしばらく口も聞けなかった。これまで研修や集会に呼ばれて、誰かに

お金

叱られてショックを受けたことなど一度もなかった。それもそのはず、彼女たちはいつも「お客さん待遇」だったのだから。

当時の私は、「貧しい女性たちを支援すること」に何の疑問も持っていなかった。いつも彼女たちをお客さん扱いしてきた私を、先生は叱ったのだ。彼女たちを「貧乏人」と決めつけたら最後、そこに生まれるのは、「援助する側」と「援助される側（お客さん）」の関係でしかない。私は先生の一喝で目が覚めた。彼女たちは単なる統計上の「貧しい人々」ではない。

COLUMN

コラム⑭　いちおし南インドスイーツ

この第8話で紹介した「グラブジャムン」は、インド全土で、缶詰も売っているほど人気のスイーツ。以下に紹介するのはアンドラ・プラデッシュ州の地元スイーツ「ボバットル」だ。コラム13で紹介した祝日の中にウガディというのがある。これはテルグ暦の新年。「ボバットル」は新年のお菓子で、私はこれが大好物だった。大きさは子どもの手のひらくらい。ひよこ豆とジャグリー（さとうきびのジュースを固めたもの）を茹でてペーストしたものが、半分に折ったロティ（ナンと同じ生地を丸くしたもの）の中に入ってい

町のお菓子屋さん。お目当てのお菓子のでき上がり時刻に買いに行く。私のように一つ、二つではなく、キロ単位で買っていく人が多い。

る。ウガディの日にはあちこちの家からボバットルをお裾分けしてもらったものだ。しかし年に1回のウガディの日まで待ちきれず、ボバットルを探して、町のお菓子屋を何軒も回った。ウガディの日以外にもボバットルを食べたいのは私だけではないらしく、1年中ボバットルを売っているお菓子屋もあることがわかった。各家庭で味が異なるように、この手づくりボバットルもお菓子屋ごとに味が違っていた。あれこれ食べ比べた結果、一番のお気に入りは、朝11時頃にでき立てが食べられる、事務所からすぐの小さなお菓子屋。インドは広く、各地に地域限定スイーツがあるが、アンドラ・プラデッシュ州いちおしのスイーツはこのボバットルだ。

COLUMN

コラム⑮ アクシャヤ銀行

私のインド版頼母《たのも》子講《しこう》の先生、ジャヤチャンドランさんは南インド、タミルナド州都チェンナイ郊外に本部を置く地元NGO、Centre For Development Alternative（CFDA）

の代表だ。マイクロクレジット専門家は数多くいるが、彼の強みは、約15年かけて、低所得層の女性たちが経営する銀行を実際に立ち上げ、育ててきたことだ。ジャヤチャンドランさんは、低所得層の女性たちが口にする「アタシは貧乏やで」という状態は、「日々のやりくりに必要な現金がしばしば途切れてしまい、不足すること」から生じていると断言する。その改善には、短期間で返済可能な少額のローンが不可欠とし、アクシャヤ銀行を設立した。そしてその経営を、彼女たち自身で担えるよう、さまざまな研修を実施してきた。1998年の設立から14年を経たアクシャヤ銀行の事業規模は、2012年当時で、会員数1166人、貯蓄総額が約1000万円、年間ローン貸付高は約1200万円だ。*2004年9月にアクシャヤ銀行を視察したビシャカパトナムのおばちゃんたちは、自分たちにもこのような仕組みが必要だと実感し、ムラのミライの厳しい研修を乗り越えながら、「おばちゃん信金」の設立に邁進したのだった。

＊当時のレート　1ルピー＝1・47円（2012年10月当時）。

ビシャカパトナムの頼母子講のおばちゃんたち（写真手前）の質問に答えるアクシャヤ銀行の役員や職員たち（高いところや奥のほう）。

COLUMN

コラム⑯ 自己紹介しない私

東日本大震災後、被災地には今も国内外からさまざまな支援が寄せられている。しかし、規模の大小や内容にかかわらず、それが一方的な援助であるならば、被災者の方々にとってはありがた迷惑になるケースも少なくない。言葉や文化が異なる途上国での場合はなおさらだ。日本人同士だと「ひょっとしたら相手に迷惑かもしれーへん」とすぐにピンとくるようなことでも、途上国では気づかないことが往々にしてある。思い出すのも恥ずかしいが、インドに通い始めた頃の私は、「相手の立場に立つ」どころか、現地の人たちに自己紹介すらせずに、「賃金はいくらもらっとるの？」などと初対面からぶしつけな質問ばかりしていた。自己紹介をしないというのは、相手の存在を認めず、一方的な関係に満足していることと同じである。表面上、いくら謙虚に振る舞っていても、彼／彼女らに対する私の態度は傲慢そのもの。上から目線の援助する側の人だった。援助をされる側の彼／彼女らの気持ちになってみれば、私のような善意ある無神経な援助関係者にいちいち傷ついてなどいられない。傷つくよりは、あえて「無知で無能で貧乏人」という仮面をかぶって、いろいろおねだりし、したたかに生きようとするほうがむしろ自然な態度ではないか。

しかし、ちゃんと自己紹介をして、彼／彼女たちとの対話を始めれば、その仮面の内側から、現実を変えたい、そのための努力を惜しまない、という真剣で、活き活きとした表情が現れてくることに気づく。そのことをスラムのおばちゃんたちは教えてくれた。

第9話 偽りのパートナー

潜在能力に気づかぬ私

潜在能力
オバチャンたちを経営者にするって本当にできるのかしら
だけど潜在能力はあるかも
何はともあれ調べるしかないわっ
こんにちはー
ズバリ!!潜在能力ってありますか?
汚れはすぐ落ちるし
お皿がキュキュっていうの
洗剤の能力ね…

JR岐阜駅北口の「黄金の信長像[12]」は文字通り金ぴかだが、「黄金の椅子に座った物乞い」とは一体どういうことか。先に紹介した私のインド版頼母子講《たのもしこう》の先生、ジャヤチャンドランさんは、スラムのおばちゃんたちに「あなたたちは『黄金の椅子』に座っていることに気づいていない」と言った。

「黄金の椅子」を「潜在能力」と置き換えてみた。たしかに、それまでの私は、おばちゃんたちの潜在能力など全く考えたこともなかった。

「おばちゃん信金」プロジェクトは、おばちゃんたちが、信金のお客さんとしてではなく、経営者として歩み出せるような支援を目指す。帳簿の付け方にしろ、信金の会則づくりにしろ、おばちゃんたちにとってはすべて初めての体験だ。ハードルは高い。そんな中で、当時、彼女たちの潜在能力をわかっていたのは、親方だけだった。

親方はおばちゃんたちのことを、一緒に活動する「パートナー」だと言った。私もおばちゃんたちを「パートナー」と呼んでいたが、プロジェクト開始から半年以上経っても、その意味はまるでわかっていなかった。プロジェクト開始時、地元NGOが手取り足取り「支援」していたビシャカパトナム市内の講は66あった。誰もが、この66の講のすべてがプロジェクトのパートナーになるのだと思っていた。しかし親方は、アクシャヤ銀行の視察後、おばちゃんたちが自分でやると言った10の活動（帳簿付けや定期会合の開催など）すべてを実行できた講だけが、このプロジェクトのパートナーになれると宣言した。

またぞろぞろと地元NGOのスタッフたちが私に詰め寄ってくる。「もぉ何で選抜なんかするんやて。自力でできる講なんてあらへんやんか。選抜なんかしたら誰も残らへん！　そしたらプロジェクトは終わってまうぞ、ええんか」「そうやて、みんな貧しいんやで、66の講、全部を支援してあげなかんでしょ」と詰め寄ってくる。「そういうことは親方に言って」と毎回思うのだが、怖い親方に向かって直接文句を言える人は誰もいない。例によってよくわかっていない私は、親方に言われた通り、「たとえすべての講が選抜に残らなくてもプロジェクトはやる」と言うだけだった。ただ内心、本当に一つも講が残らなかったらどうしよう、と焦ってもいた。私も、おばちゃんたちの能力を信じていなかったのだ。

数カ月後、七つの講が選抜に残り、「信金設立準備委員会」の会員として晴れてプロジェクトのパートナーとなった。次に、親方は選抜された講のおばちゃんたちにこう言った。「このプロジェクトには400万円の建設費を計上しています。この施設の計画から、建設後の維持管理までを、いずれはいくつかの講に委ねたいが、今のあなたたちには無理です。これから厳しい研修が始まりますが、私たちの研修についてきますか」。

400万円と聞いた途端、おばちゃんたちの目がギラリと光ったのは言うまでもない。一方、私は真っ青。お金の管理もプロジェクト・マネージャー（プロマネ）の仕事、つまり私の仕事なのだ。スラムのおばちゃんたちになぜ金額まで伝えてしまうのか、と。

このように、当時の私は、おばちゃんたちの潜在能力などには想いも至らず、プロマネの自分だけが「予算を把握していればいい」と思い込んでいた。全く「パートナー」としては接していなかったのだ。

COLUMN

コラム⑰ プロマネの腕の見せどころ

「おばちゃん信金」プロジェクトの予算の中には、日本円にして４００万円分の建設費が含まれていた。しかしプロジェクト開始から2年経っても建設費は全く使われなかった。大抵の援助団体は、3年間のプロジェクトなら1年目にまず建設費に手をつけ、施設づくりを始める。しかし「それはあり得ない」というのがムラのミライ流。何かを建てる前にやらなければいけないことがたくさんあるからだ。それは何か？　参加するおばちゃんたち自身が、自分たちの抱える問題を自分たちの言葉で理解し、納得できるようになること。これが、最も大事なことなのだ。しかし言うは易く、行うは難し。理解し納得できるまでには、相応の時間がかかる。「プロマネ」の腕の見せどころだ。この「理解」と「納得」のプロセスを経たうえで初めて、問題解決のために必要なハード面に着手する。技術・設備・施設の面では何が必要か、それにはいくらかかるのか等について、おばちゃんたち自

村の中をよ〜く見ると、設置以来、一度もメンテされていない砂防ダム（写真）や浄化槽、井戸、トイレ、集会場などの「遺跡」を発見する。

身が一つ一つ丁寧に行動計画を立て、実施してゆくのだ。もちろんおばちゃんたちは、そんなことは今までやったこともない。ゆえに時間も手間もかかる。それを大前提に据えることが大事だ。しかし、プロジェクト期間が3年しかないと思うと、大抵のプロマネは焦ってしまい、計画から実施までほとんどナンでも自分たちでやってあげてしまう。これが間違いの元となる。「援助する側」の都合で急いで建物を作ってしまったら最後、それは「援助を受ける側」の建物ではなくなってしまう。いくら「この建物はあなたたちのものだから、あなたたちで今後は管理してください」と言ったって無理。相手にしてみれば「アンタらの都合で勝手に作った建物やろ？　そんなモン管理なんかできるわけあらへんてぇ」となる。実際、「そんな建物、実は必要でなかった」というケースだってある。悲しいことに、こうして作られた施設の中で、使われていないもの、使われているけどメンテがなされてないものは、途上国ではかなりの数に及んでいる。この原因は「援助する側」にあることが多いと思う。

第10話 私の立ち位置、ぶれまくり 親方の教え

薫風が、水田を揺らし、あぜ道を歩く私の横を優しく吹き抜ける岐阜の5月は、暑くもなく寒くもなく清々しい季節だ。ところ変わってインドの5月。熱風が、下水に浮かぶゴミを揺らし、スラムを歩く私の横をねっとりと吹き抜ける。ただ立ってるだけでもサウナの中にいるような汗をかく。

プロジェクト開始からもうすぐ1年。選抜されたおばちゃんたちの講（信金設立準備委員会のメンバーとなった講）のうちいくつかは、そんな暑さにお構いなく、活発に活動を行っていた。これまで「おばちゃんたちにできるわけがない」と思っていた地元NGOスタッフだが、おばち

ゃんたちは帳簿付けや会合、集金、銀行への預け入れなどを自力でこなすようになっていた。にもかかわらず、スタッフの傲慢《ごうまん》な態度は相変わらずだった。

「貧しい女性たちを、私が助けてあげなければ」という献身的なスタッフは、結果的におばちゃんたちを無能と見なしていた。たちの悪いことに「援助する側」は、無意識のうちに優越意識を持ってしまいがち。長年の優越意識はそう簡単には消えない。

私は、そんな地元NGOスタッフに腹が立った。今思えば、日本人というだけで偉そうに振舞っていた自分の姿を、スタッフに重ねていたのだろう。

「輪になって座れ、議事録を付けろ」と講を仕切るスタッフ。おばちゃんたちのほうから「会合の仕方がわからんで、てったって（手伝って）」と言ってくるまでなぜ待てないのか。そして、そう言ってきたら「どうしたらええんやろねぇ？」と切り返し、なぜ彼女たちに考えてもらう時間を作ろうとしないのか。という具合に、イライラした。しかし、私には「ちょっとぉ、あんたが仕切ってかんて（仕切ってはダメ）！」と頭ごなしにスタッフを叱るくらいしかできなかった。

そんなとき、親方が、選抜されたある講の会合に顔を出した。いつものようにスタッフが講を仕切り始めた。親方は黙って挙手をした。

親方「えー、会合の途中だけど、ちょっと話をしていいかい」

おばちゃん「ハア、どうぞ、どうぞ」

親方「この会合は、誰の会合なんですか」
おばちゃん「アタシんたぁの講の会合に決まっとるやんかぁ」
親方「そうだね。だから私は手を挙げて、話してもいいかと許可を求めたんだよ。講の仲間以外の人は、あなたたちの許可がないと会合で話せないからね。なぜならこの会合は、あなたたちの会合なんだから」
このメッセージは、明らかに私たちに向けたものだった。スタッフを叱るしか能がない私は、またがくぜん。自分の立ち位置がわかってないのはスタッフでなく、私だ。スタッフを叱ることにエネルギーを使うのではなく、おばちゃんたちに今何が問題になっているのかをわかってもらうようにすればよかったのだ。何よりも大事なのは、おばちゃんたち自身が「これはアタシんたぁの会合やで、ちょっと黙ってとって、えかっ！」

と言えるようになることだった。

この辺りがまるでわかっていない私の言うことなど、おばちゃんたちやスタッフが聞くわけがない。立ち位置がぶれるどころではない。自分がどこに立っているのか全くわかっていない、当時の私だった。

第11話 人に厳しく自分には甘い——信金設立準備委員会
おばちゃんたちだけの話ではない

上新粉と小麦粉の生地でそら豆餡を包み、蒸したものをみょうがの葉で巻いた「みょうがぼち」。水田の緑とみょうがの葉の緑が5月の空に美しく映える、岐阜の初夏限定のお菓子。写真提供：岐阜新聞社

夏の訪れを告げる「みょうがぼち[13]」は初夏限定の岐阜のお菓子だ。インドでは4月から7月初め頃までが、マンゴーの季節。年中、暑いか、超暑いかのインドだが、マンゴーの季節は例年猛暑の時期。世界有数のマンゴー生産国インドの中でも、生産量第1位のアンドラ・プラデッシュ州に暮らしていた私は、毎年6月になると、朝昼晩とマンゴーを食べ続けた。ちなみに暑さのピークの

6月は、扇風機の回った室内にいても、朝から頭痛のする暑さだ。

さて、プロジェクト開始から丸1年を経た2005年7月。選抜されたインド版頼母子講《たのもしこう》は七つだったが、金銭出納帳や収支決算書づくり、信金の会則づくり等、ムラのミライの厳しい研修に脱落していくおばちゃんたちも少なくなかった。残った講はわずか四つ。これはまずいと、残った四つの講からなる信金設立準備委員会のおばちゃんたちが委員会への新規加入を募集することになった。そしてそのための入会条件を決める話し合いが始まった。

ところがその条件が厳しい。「毎月の講の集まりで出席率が100パーセントやないと、信金には入れられぇーへんて」「そぉやて。それに帳簿付けや集金、毎月の集まりの司会なんかをリーダーに任せきりにしとったらアカンて。やっぱ講のメンバー全員で役割分担しとらんと、ねぇ」という具合に、あれこれと条件を満たさなければ委員会には入れないとおばちゃんたちは言い出した。66の講から委員会を選抜する際、親方がおばちゃんたちに課した条件は、「自分でやると言った10の活動すべてを実行すること」、つまり有言実行だった。しかしその中身（10の活動）は全然難しいものではなかった。そのおばちゃんたちが、「新規加入メンバーやったら、これくらいはできんと〜」と次々と自分たちの講でもできないような厳しい条件を出し始めたのだ。

私「会議の途中やけど、ちょっとええかね？」

おばちゃん「またアンタかね、何やね」

私「ついこの間まで、誰もそんなことやっとらへんかったがね。いきなりその条件は、いくら何でもエライて（厳しいすぎじゃない）！」

おばちゃん「ええっ？　アタシんたぁが始めからできていたことばっかやんかぁ〜」

「人に厳しく、自分には甘い」「以前できなかった自分のことは忘れてしまう」「失敗したことや叱られたこともすぐに忘れてしまう」なんて、おばちゃんたちだけのことではない。自慢じゃないが私がそうだ。

しかし、当時の私は、自分とおばちゃんたちとの共通点には、まるで考えが及ばない。私は日本人で、あくまで「貧しい」人たちを「援助」するためにインドまで来ているのだ。だから、「援助」を受けるスラムのおばちゃんたちとは「違う」のだ――どこかでそう考えていたに違いない。

そんな私は、彼女たちの発言や行動に自分を重ねるどころか、偉そうに「厳しすぎ」と言ってしまう。当時の私に言いたい！「アンタが言ってどうすんの！　そのセリフがおばちゃんたぁの口から出てくるのを待っとらな（待ちなさい）」と。

そこで、すかさずその場にいた親方が、この会議を見学しに来ていたおばちゃんに尋ねた。

親方「こんなにたくさんの入会条件を聞いて、あなたは信金設立準備委員会に入りたいと思った？」

厳しさ
信金設立準備会もようやくスタートか
だけど厳しい条件で心配だわっ
厳しさも大切だぞ!!
ところでわしは飛騨高山へ帰るでなっ
もしかして『街コン』に出るつもりじゃ?
まっまさかわしが合コンなんて
ぜったいダメですよ
きびしー

おばちゃん「面白そうやで来てみたら、条件を聞いてなんか怖い会やなぁと思ったわ」
　この後、入会条件を厳しくすることばかりを考えていたおばちゃんたちは、条件をゆるくして、「入会すると、こんなにいいことがある、こんないいものが身につく」といった宣伝付きの募集内容を話し合い始めた。にぎやかな議論を聞いているうちに、なんだか私まで入会したくなってきたほどだった。

小高い丘からビシャカパトナム市を見下ろす。自然の地形を活かした、海の穏やかな港町。

COLUMN

コラム⑱

マンゴーの香り

ベンガル湾を望むビシャカパトナムは、海からの風で、年中高温・高湿度。とくに、気温が40度を超える5月や6月の湿度はサウナ並み。この時期になると私は、眼鏡の鼻あて（パッド）があたる目頭と耳当てがあたる耳のところに決まって汗疹ができ、痛くて眼鏡もかけられなかった。そんな季節の唯一の楽しみがマンゴー。インド産マンゴーといえば、アルフォンソが有名だが、私の大好物は、アンドラ特産のバンガナパッリ。毎年4月、バンガナパッリを自

転車に積んだ行商人を見かけると、まだ青臭く、値段も高いとわかっていても必ず買ってしまった。買った後、必ず誰かが近づいてきて「今、1キロいくらだった？」と聞かれるのも、私にとっては「毎年の行事」の一つだった。マンゴーはものすごく暑くないと甘くも安くもならず、6月の暑さがピークのときが、甘さもピーク。この時期、町全体がマンゴーの濃厚な甘い香りにつつまれる。豆腐一丁ほど（約400グラム）のドッシリと重いバンガナパッリをよ〜く冷蔵庫で冷やし、皮をむいて、丸ごとかじるその瞬間、酷暑のインドにいられる自分を、一瞬だけとても幸せに思ったものだ。

第12話

思い込みで突っ走り失敗——初めての総会

やっと本音で話ができるようになったと思いきや

午前11時までに喫茶店に入り、コーヒーや紅茶といった飲み物を注文すれば、トースト、ゆで卵、サラダが無料で付いてくるモーニングサービスというのは愛知、岐阜、三重県（東海三県）

の人には当然のことだ。店によっては、味噌汁、茶碗蒸し、みたらし団子、季節のフルーツ盛り合わせ、おにぎり、グラタンなどもサービスしてくれて、その力の入れ方はちょっとスゴイ。県外で朝、喫茶店に入り、コーヒーを注文して、コーヒーしか出てこなかったときのあの喪失感、むなしさは愛知、岐阜、三重の人なら誰もが一度は経験したことだろう。「ああ、やっぱ岐阜（愛知、三重）やて」と思う瞬間が、他県の喫茶店の朝だろう。

インドは広い。南インドと言ってもアンドラ・プラデッシュ州とその南隣にあるタミルナド州では食文化が大きく異なる。ただ、東海三県のモーニングサービスの微妙な違いが他県の人にわかりにくいのと同様、両州の食文化の違いは、外国人にはちょっとわかりにくい。ビシャカパトナム市のおばちゃんたちとタミルナド州に行った際、彼女たちは「うまくない、味がにすい（味が薄い、辛さが足りない）[14]」と文句を言った。同じ名前のサンバルというカレーでも、使っている豆の種類も香辛料の塩梅も違うと言うのだ。

さて、プロジェクト開始からもうすぐ2年。信金設立準備委員会に参加する講の数は徐々に増えていった。そして私の中にも少しずつ変化が現れてきた。「貧しい人」とか「こんなことおばちゃんにできやしないだろう」という自分の思い込みを取っ払い、目の前にいるおばちゃんをおばちゃんとしてようやく私は理解しようとし始めていた。

自分とスラムのおばちゃんたちは違うのではなく、共通点もいっぱい。上のモーニングではないが「よその州はえらいわ（疲れるわ）、やっぱビシャカパトナムやて～」という気持ちや「他人に厳しく、自分に甘く」という姿勢。「損しないでもうけたい」「努力しないで得したい」「1個買うと1個無料の商品に弱い」とか、私にもある、あるという共通点だ。いろんな場面で「自分だったらどうするか」を考えると、おばちゃんたちの考え方もどんどんわかるようになってきた。ところが、随分とおばちゃんたちと本音でやりとりできるようになったなぁと得意になっていたそんな私に、思いもよらぬ落とし穴が待っていた。

信金を設立するためにやらねばならない仕事はいっぱいだ。会則づくり、新規加入者募集、団体登録、会員総会、日々の信金の業務などなど。ぜんぶ私や地元NGOスタッフがお膳立てすれば、1カ月もあれば設立できただろう。しかし「それをやっちゃおしまいよ」と手出ししないことが肝心だ。研修はそのために行われる。

相手を知る
いいか！相手が何を考えているのか見極める事は必須だぞ
はっはい
今から わしが何を考え 何をしたいのか 答えるのだ
がんばります
さっ答えるのだ!!
わかりません

聴衆を前にドーンと座るのは、他の多くの集会では役人だったり、政治家だったり、ＮＧＯのスタッフだったり。しかし、おばちゃん信金の総会では、おばちゃん運営委員がドーンと座る。

すべての研修プログラムは、おばちゃんたちのそのときどきの理解度や納得度に応じて作られる。この土台づくりの研修がなければ、しょせん「おばちゃんの信金」と謳《うた》ったところで、プロジェクトが終われば、いずれ信金自体も終わってしまうだろう。研修を行う際の最も大事なポイントは、親方が言うように、「相手の顔や応対の仕方を見て、その人が今何を考え、何を知っていて、何を知らないかを、すばやく見極めること」だ。しかし私には、そんな研修を作ることができなかった。

プロジェクト開始からほぼ2年を過ぎたある日、信金設立準備委員会による初の会員総会が開かれた。本番の1週間前から、私も総会の準備を早朝から夜遅くまで手伝った。そして迎えた総会当日。一張羅のサリーを着た運営委員（経営者）のおばちゃんたちは、颯爽と、早口でさまざまな書類を読み上げていった。ところが、聞いている会員のおばちゃんたちは、皆そろってハテナ顔。

それを見ていた親方がこう尋ねた。「ところであなたたち、総会って何をするところか知っていますか?」
参加者一同「知りませ〜ん」
私「エエエッ、総会の目的が何かわかっとらへん人に、やれ活動報告書、やれ収支決算書だって得意げに研修しとったアタシって何やの〜、トホホ」
自分が知っていることは、相手も知っているという、思い込みで突っ走る私は、まだ続くのだった。

第13話 信金のルールを知っていても仕方ない?
貧乏人が騙される現実

総人口12億を超えるインドの所得別人口[15]を見ると、低所得者層(BOP層*)がその大多数(全体の85パーセント近く)を占めている。私が毎日顔を合わせていたスラムのおばちゃんたちも当然この層の中にいる。

こうした背景のもとで、スラムのおばちゃんたちの間では10〜20人単位でグループを組み、貯蓄や信用貸しを行うインド版頼母子講《たのもしこう》は大ブーム。しかし、お金が絡めば、ブームを悪用する人たちも増えてくる。地元の政治家や役人、地元NGOなど、いろんな人たちが、講の名義を借りて外国NGOからさまざまな支援資金を得ようとしたり、講を利用して選挙の票集めを行ったり、あの手この手で、甘い言葉をかけながら次々と近寄ってくる。新規の講ほど狙われる。

近所のおばちゃんたちも標的にされた。ある地元NGOのスタッフが次のように勧誘しにきた。「僕のNGOが作った信金に入りなよ。今なら簡単にローンを借りられるし、生命保険にだって格安で入れるよ」。おばちゃんたちにとってはあまり関心のない話だったが、今度は地元有力者を引っ張り出し、その地元有力者に「このNGOの信金に入らないヤツは、学校も道路も家の建て替えも、政府からの補助金は一切ナシだ」と言わせて脅かしにかかったため、結局、入会書に署名し、保険料（日本円で約400円）を収めてしまったおばちゃんたちもいる。

この一件を知った私は、「その信金の会則を見せてもらやあよ、えか。保険証券も要求せなかんよ」とおばちゃんたちにアドバイスしたが、結局そのNGOは数十人ほどの署名と保険料を集めた途端、姿を消してしまった。

この手の話は、おばちゃんたちから、それはもうたくさん聞かされた。どのケースも「無知で無能で貧乏人」とバカにされ、騙され、利用されてしまったというものばかり。そんなおいしい話はないと薄々わかってはいても、現金収入の乏しいおばちゃんたちは、他人の援助や補助金についつい手を出してしまう。それに、村八分（この場合、スラム八分）や地元有力者の脅かしも怖い。

補助金、ローン、保険、すべてにルールがあることを知らないおばちゃんたち。水まんじゅう[16]なら、中に入っているのが、こし餡だと一目でわかる。しかし、とかくルールというもの、BOPの人たちに、一目でわかるようにはまずなっていない。たとえルールの存在を知ったところで、おばちゃんたちの多くは読み書きができず、誰かに読んでもらわなければ中身も意味もわからない。

甘い言葉
補助金ほしいだろ？
だったら我々の信金に入りなっ
はっはい
ちょっと何だまそうとしてるのよ!!
だましてなんかいませんよっ
そうだ!! あなたも我々の信金に入りませんか？
絶対入りません!!
今入るとあなただけにロンドン五輪チケットが…
わ～入る入る

「ルールがあっても、守られたことなんかあらへん」「ほうやて、守られるのは、お金や権力を持っとる人たちだけやで。あたしんたぁはそんなルールを知っとってもしょーがないし、ルールを信じとる者はバカを見るんやてえ」。これがおばちゃんたちの現状認識だ。

そんなおばちゃんたちが自らルール（会則）を作り、

経営者なっていくという「おばちゃん信金」プロジェクト。彼女たちの現実がわかるにつれ、ひょっとしたらこれはとんでもないプロジェクト！と気づいてもよさそうなのだが、当時の私は、イマイチわかっていない。おばちゃんたちの話を聞くたびに、一緒になって怒ったり、オロオロするばかりだった。

***BOP（Base of the Pyramid）層**　途上国の所得別の人口構成をグラフにすると、下から低所得者層（ＢＯＰ層）、中間層、富裕層を積み上げたような三角形ができ上がるため、低所得者層には「ピラミッドのベース（ＢＯＰ）」という表現が使われている。これまでほとんど市場としては扱われていなかったが、近年、膨大な人口を有するＢＯＰ層を消費市場として捉える動きが活発になり、ＢＯＰビジネスとして脚光を浴びている。

第14話　「おばちゃん信金」、ついに誕生
プロジェクト開始から2年半

高校卒業後、校歌を聴く機会はほとんどないが、夏の高校野球は別だ。選手たちが、校歌を歌うあの顔の輝き。見ている私も、背筋がのび、顔のしわものびてくるような気がする。あんな顔でアンタも生きとるか、と鏡の中のおばちゃん（私）に問いかける。普段、インドやネパールにいて、全国高校野球選手権大会の県予選を観ることはほとんどないが、校歌斉唱シーンで、たと

えそれが母校でなくても泣けてしまうおばちゃんは、私だけではないだろう。

スラムのおばちゃんたちが、信金設立のために団体登録をすることになった。そもそも、なぜ信金を始めることになったのか。自分の都合で借金ができないという事情があったからだ。

従来のインド版頼母子講《たのもしこう》では、その講に1人でも未返済の人がいると、連帯責任で他のメンバーもローンが借りられなくなる。そもそも資産も固定収入もないスラムのおばちゃんたちは、個人では銀行口座を持つことも、銀行のローンを借りることもできない。講のメンバー全員（10〜20人）で一つの口座。お金を借りるときは、全員で何度も銀行に足を運ばねばならない。せっかく朝一番に銀行に行っても、順番はいつも最後にされてしまう。

そのうえ窓口での手続きも大変だ。母語のテルグ語だって読み書きが大変なのに、何十枚もの英語の書類にすべて目を通せとか、全部の書類に全員が署名しろとか、自分たちのお金なのに借金を返済するまで預金を下ろしてはいけないとか、とにかくうるさい。スラムの高利貸しと比べれば、たしかに利子は安い。とはいえ、銀行から借りられるのは年に1回程度、しかもその手続きのために2カ月近くもかかるようでは、借りたいときに借りることもできない。「おばちゃん信金」はこれらの壁を乗り越えてゆかなくてはならない。

いよいよ団体登録の準備ができた。おばちゃんたちはいざ！と、書類をそろえて登録事務所に出かけた。ところがいきなり壁にぶつかった。はなから受け付けさえしてもらえない。これまで登録に来た人はたくさんいたが、登録後、一度も報告に来ない団体ばかりだというのがその理由らしい。それに、おばちゃんたち自らが手続きに来るという前例もないらしく、これも不安視された。

1カ月後、ようやく書類を受け付けてもらえたが、登録が完了したのはそれからさらに半年後。私や地元NGOスタッフが手続きを代行していれば、すぐに登録は完了しただろう。しかし、親方は、手伝いはしても、スタッフが手続きをしてはならぬ、と言った。代行は、おばちゃんたちの能力を否定するのと同じ行為、それをやれば信金は、もはやおばちゃんたちのものでなく、地元NGOのものになってしまうと。*

おばちゃんたちは週に一度、登録事務所にねばり強く足を運び、必要な書類を提出し続けた。そして半年後、登録証を手にした彼女たちは涙ぐんでいた。甲子園で校歌を斉唱する高校生の顔とおばちゃんの顔は決して重なることはないが、その誇り高さは同じだったと思う。「おばちゃん信金」の歌があったらここは必ず歌うところだろう。インドなので踊りも付きそうだ。おばちゃんたちは歌いも踊りもしなかったが、《信金はさぁ、アタシんたぁの子どもやてぇ》という思いが彼女たちの中で決定的になった。よくぞ辛抱強く、登録手続きをやり通したと、私も目頭がじ～んと熱くなった。

信金の登録が終わり、晴れて「おばちゃん信金」のスタート。おばちゃん経営者、おばちゃん

職員、おばちゃん会員による、れっきとした信金だ。2006年12月、プロジェクト開始からすでに2年半が過ぎていた。「スラムの女性の自立」など、建前では語られても、本音では誰も信じていない世界。その中で、おばちゃんたちは常識を破ろうとしていた。おばちゃんたちは、侮られても、踏みつけられても、毅然《きぜん》と立ち向かって、信金という子どもを産んだ。彼女たちの「子育て」は始まったばかり。我が子のためにはどんな困難にも立ち向かっていく――そういう決意がおばちゃんたちの顔には現れていた。私も彼女たちと共にありたい、そう思った出来事だった。

＊4コマ漫画「誰のモノ?」に登場する「天ぷらまんじゅう」 飛騨地域の祭りで出される伝承料理の一つ。

COLUMN

コラム⑲

初代「おばちゃん信金」代表

２００４年以降、信金の設立準備の頃からずっと会員でいるおばちゃんたちの数は50人にも満たない。その中で、信金を産み、育ててきたおばちゃんの1人を紹介したい。登録事務所に半年間足を運び、見事、信金の登録証を手にしたラクシュミさん（仮名、「おばちゃん信金」初代代表）だ。駅と港に近いスラムに、娘とその婿、そして孫2人と暮らしている。午前中は、家の近所の託児所で賄い仕事をし、その他の時間は、さまざまな日雇い労働に従事しながら、娘を女手一つで育て上げた。ある日、路線バスの中で、見知らぬ人から声をかけられた。「アンタ、あの信金の代表でしょう？　アタシも入りたいんだけど」と。「あのときはとても嬉しかった」と、後にラクシュミさんは話してくれた。自分は知らないけど、相手は自分のことを知っていた、という初めての経験。これまでにはなかった自尊感情が高まった瞬間だ。以後２０１０年から信金の職員となり、託児所の賄い

ラクシュミさんが暮らすスラム地域は、彼女の親の時代に、オリッサ州とアンドラ・プラデッシュ州の州境から移住してきた家族が多い。

仕事も続けながら、月に一度、担当する約３００人の会員の家を回り、貯金やローン返済金などの集金を行っている。会議のたびに、好き勝手にどなり合い、脱線と言い訳ばかりが得意なおばちゃんたち（私も人のことは言えないが）の中にあって、彼女だけは違っていた。代表だったときも、職員になってからも、地味な仕事を黙々とこなすおばちゃん。人一倍努力し、責任感の強い彼女はまさに、「ビシャカで輝く女性の集まり」というこの信金の正称*にふさわしい、私が尊敬するおばちゃんの１人だ。

＊信金の正称　コラム11参照。

第15話

ドーンと商売をしてみました
大損にまた口を出してしまう私

自力で信金の登録を成し遂げたスラムのおばちゃんたちには、３万発の花火[17]を長良川河川敷で見終わった後のような高揚感があった。会員個人の出資金と貯蓄を資本に、多くの会員がたとえ少額でも借りたいときに借りられる信金を目指し、「おばちゃん信金」が始まった。

これまで「貧しく援助を受ける人」だった彼女たちが経営者として歩み始める。それを手助けするためにムラのミライは、金銭出納帳の付け方を基本にさまざまな研修を続けた。3年間のプロジェクト期間も残りわずか。そんな時期、研修でなんとなく自信を付けたおばちゃんたちが、信金からお金を借り、信金のお客さん（自分と同じスラムのおばちゃん会員）を相手に、サリーの小売りをしたいと言い出した。

サリーとは、インドの女性が身に着けている民族衣装。日本円で数百円程度の普段着から、映画スターが身に着ける、ゼロが何個付くのかわからない超高級品までさまざまある。

結果的に、この商売は大損に終わった。正確には、いくら大損したのかわからない商売となった*。

毎年1月、ポンガルという収穫を祝う祭りがあり、この時期にはスラムのおばちゃんたちもサリーを新調する。このときが狙い目と、祭りの10日前に商売の計画を始めた。

おばちゃんA「研修で習ったやんか、まずはコスト計算やよ！」

私「すご〜い、コスト計算！」

おばちゃんA「ほぉやて、当然やんかぁ。ほんでまず商売繁盛祈願にお寺参りに行かなかんて。お供え物代やろぉ、仕入れに行くときの交通費やろぉ」

おばちゃんB「金銭出納帳と在庫管理帳も付けなかんで。そや、文房具もいるやんか」

おばちゃんA「売り先は自分とこのスラムやで交通費はいらんし、もうけを山分けすればええで、日当とかもいらんな。はい、コスト計算おしまいやよ」
私「エッ?」
おばちゃんB「あと現金定価販売だけやで。ツケも値切りもアカンでね、えかっ!」
私「ちょー待って! 買い物んとき、みんないつも値切っとるでしょ? それに『ツケ買いは当然』て言っとったし、コスト計算もそんだけで終わってまってもええの?」
おばちゃんA「えーて、えーて。ほんじゃあ今からお参りに行って、その足で仕入れにいくで、えかっ!」
ところが、おばちゃんたちがサリーを売り歩く頃には、信金のお客さんのほとんどは、すでにサリーを新調していた。研修でせっかく学んだ金銭出納帳付けや在庫管理帳付けも、記録を取っていたのは定価で売っていた最初だけ。ちっとも売れなくて「値引きもツケもあり」にした途端、記録付けは雲散霧消。そして祭りが終わってふたを開けば、売れ残るわ、ツケはあるわ、でも帳簿はないわで、損した金額もわからないほど大損した。
「だから言わんこっちゃない、自分のお金で大損して、はじめて帳簿の大切さがわかったやろう!」と当時の私。「あんたがそれをおばちゃんに言ってどうすんの!」と今の私なら叱るだろう。このようなときには、すかさず、「大損してまった理由は何やったと思う?」と、彼女たちに尋ねなければいけなかった。そして、おばちゃんたち自身が帳簿付けの必要性に改めて気づき、

商売

作ったんだけど似合うかな？
そのサリーかわいーーい
サリーを売って商売しようかなって
借金のおかげよ
やる〜
オシャレで勝負なら負けんぞ!!
ぎふ清流国体
ミナモバージョンだ〜
かわいーーい

学び直そうとする意志とプロセスを、大事にしなければならなかった。しかし、ここでもまた、余計な口出しをしてしまう私であった。

＊4コマ漫画「商売」に登場する「ミナモ」　2012年9月に岐阜県で開催された第67回国民体育大会「ぎふ清流国体」のマスコットキャラクター。

COLUMN

コラム⑳　「仮想商売」研修を遅らせた理由

サリー小売業大失敗の後、「ちゃんと商売ができるよう、アタシんたぁにもういっぺん研修をしてくれんかね？」とおばちゃんたちに言わせたのは親方だった。もちろん、おばちゃんたち自身の意志である。親方は「待ち」、おばちゃんたちはそれに応えた。さっそく親方は、商売の失敗の事実を材料に、「仮想商売」の研修をした。まず、商品を仕入れ、その半分が売れたと仮定し、一方でその月に必要な経費（コスト）を計上、それに基づいて翌月の商品の仕入れをする。これを、金銭出納帳、納品書、請求書、在庫管理表などを付けながら3カ月間シミュレーションをするというもの。実は、この研修、プロジェクトの企画段階の提案書では初年度に行うことになっていた。しかし、こちら（援助する側）が作った提案書（物語）のスケジュールはあくまでもスケジュール。工程表通りの一方的な「支援」はおばちゃんたちを「援助のお客さん」と見なしてしまうだけだ。「お客さん」であれば、おばちゃんたちも、予算や期間といったこちらの弱みに何となく気づき、こちらの物語に付き合ってはくれる。そして、その分だけ、見返りのほうも遠慮なく要求してくるだろう。その関係は、予算ありきで期間限定の、援助する者とされる者との関係にすぎない。だから、決して、援助する側の「物語」を押しつけてはいけない。工程表通りにいかない事柄もスケジュールの遅れも「想定内」とし、おばちゃんたちによる次なる一歩を「待つ」こと。その一歩によって、おばちゃんたち自身が、《決めた

おばちゃん信金には、売れ残ったサリーが山積み。私も「在庫処分やで、安いで〜」と言われ、何枚も強引に買わされた。

のは私たちだ》という実感を手にすること。こうした事実の積み重ねが、「援助する側／される側」という関係から互いに抜け出してゆくための秘訣だといえる。

第16話 みんなで土台を作った3年間

信金設立の経緯を劇に

郡上《ぐじょう》おどり[18]には、夜通し踊り明かす「徹夜踊り」というのがある。踊りを見に来た観光客を、見る人から踊る人に変えてしまうように、援助をする人、受ける人、という境目をなくしたい。この地球で同じ時代を生きる人たちと、次の世代に残せるような活動やコミュニティを、一体となって作りたい。そんな活動をしたいと思わせてくれたのが、この「おばちゃん信金」プロジェクトだ。

3年のプロジェクト終了時に、国際協力機構（JICA）の職員が活動成果を見に来ることになった。JICAとムラのミライだけが活動を評価しては、「おばちゃんが主役」のプロジェクトではなくなってしまう。彼女たちも含めて3年間の活動を評価する方法はないかと、ナイ知恵を絞った結果、「劇」を思いついた。さっそくその翌日に、信金の事務所で中心メンバーのおばちゃんたちに声をかけた。

私「近々さぁ、ＪＩＣＡの人んたぁが来るらしいんやけど、何しに来ると思う？」

おばちゃん「そりゃあ信金を見に来るに決まっとるがね」

私「そーなんやて。で、どうやって信金の成果を見せたらいいやろか？」

おばちゃん「アタシんたぁが話をするんやて」「紙に書いて発表せんと」「劇は？」

インドで6年。覚えの悪いこの私も、《自分が言いたくても、グッとこらえ、相手の口から出てくるまで待つ》ことができるようになっていた。私が思ったのと同じようにおばちゃんたちが「劇」と言ったとき、すかさず心の中でガッツポーズを取ったが、そんなことを一切、顔に出してはいけない。それでは私が劇をやりたいのがバレバレ。私でなく、おばちゃんが「劇がええてー」と言い出した、というのが大事なのだから。

「援助する側とされる側の境界線」をなくしたいなら、まさにここはじっと我慢のとき。

おばちゃんたちのやりとりが続く。あるおばちゃんは「3年間の活動を劇にしてみぃー。そしたら読み書きできん信金の新しい会員さんたぁにも、活動の紹介ができるやん」というコメントを発した。

新しい会員のことまでは考えていなかった私。「新会員に見せたい、信金のことをもっと知ってほしい」というのは、おばちゃんたちから出てきたアイデアだ。

このとき私は、即「新会員に見せるのはいいアイデアやね」と、おばちゃんたちのアイデアに賛成した。以前の私なら「これは評価やで、新会員は関係ないやろう?」と無理矢理自分がやりたい「評価」を押し通し、「新会員」という彼女たちのアイデアを無視しただろう。しかし、「ココさえ外さなければ大丈夫だ」ということがわかってきた私は、そうはしなかった。この場合の「ココ」は、「おばちゃんたちが劇で3年間の活動を報告し、自ら活動を振り返ることが、おばちゃんたち自身の評価になる」という点だ。以前の私は、おばちゃんたちに意見を求めておきながら、万一、こちら(援助する側)が決めた計画以外の提案がおばちゃんたちから出てきたらどうしよう、と怖がっていたのだ。

おばちゃんたちによる活動報告は「劇」に決まった。報告会当日、おばちゃんたちは、脚本、演出、衣装、役者すべてを担った。2時間の劇は、成功談だけでなく、研修中に叱られたこと、

劇のお知らせも間際の前日が当然。それでも250人もの観客がおばちゃん初舞台を観に来た。直前に誘うほうも誘うほうだが、文句も言わず散歩に出かけるように観に来るおばちゃんたちもさすがだ。

商売で大損したこと、団体登録時の苦労も盛り込んで、新しい信金の会員からも大喝采。

おばちゃんたちは、3年間、「よそから持ち込まれた援助」を受けていたのではない。発表された劇は、「アタシんたぁの信金やで」という誇りと自信にあふれていた。この劇を見て、みんなで一緒に土台を作った3年間だったと納得。記録用ビデオカメラを持つ私の手は、何度も感動で震えた。幸いなことに、普段から手ブレ映像ばかり撮っていたので、私がいつ感動していたのか、誰もわからなかった。

COLUMN

コラム㉑

空から聞こえる叱咤激励

私がムラのミライのスタッフの中で一番若かった頃、高山でもインドでも、とにかく年長のスタッフによく叱られた。叱られた話だけを集めても1冊できそうなくらいだ。私のことを娘や妹のように育ててくれたスタッフ全員の紹介をしたいところだが、ここで紹介するのは、事務局スタッフの稲部香代子さん。１９９５年以来ムラのミライに勤め、信金プロジェクトが始まった後は、ＪＩＣＡとの調整が主な担当だった。２００６年に他界され、一度もインドを訪れることはなかったが、２００４年の信金プロジェクト開始から私が書いていた毎月の進捗報告を、いつも読んでくれていた。その報告への感想を、彼女が亡くなった後、人づてに聞いたとき、私は涙が止まらなかった。

「私はインドには行けーへんけど、この信金の一員やと思っとるよ。私の役割はここ（高山）で報告書類の仕事をすることやて。私もここから、信金を応援しとるよ」。当時の私は、自分の立ち位置もわからず、現地のスタッフやおばちゃんたちとの関係もうまく作れず、それでも態度だけは偉そうにしていた。この話を聞いた後、私が迷

ムラのミライの事務局本部（高山市）で報告書の取りまとめやＪＩＣＡとの連絡調整役を担っていた稲部香代子さん。現地や高山で働く若手スタッフをいつも支えてくれた。

って、泣きたくなるたびに、「原ちゃん、何やっとんの、しっかりしゃあ！」と叱咤激励してくれる香代子さんの声が聞こえてくるようになった。

COLUMN

コラム㉒

スタッフが振り返る3年間

2時間の劇で、3年間の活動を振り返ったおばちゃんたち。その劇の後、評価の専門家として現地に派遣された長畑誠さん（一般社団法人あいあいネット代表理事）は、私たちスタッフ全員に問いかけた。「この3年間、あなたたちが、気を付けて『やったこと』と『敢えてやらなかったこと』は何ですか？」。長畑さんはこの質問で、スタッフがこの3年間、無意識のうちに身につけてきたファシリテーションの技術を言葉で表すように促した。私たちのまとめは次の通り。前者「気を付けてやったこと」は、質問を投げかけること、相手の能力を信じること、相手の反応や行動を待つこと、10歳の子どもがわかるように話すこと、相手の努力をまず評価すること、その後で改善すべき点を指摘すること。後

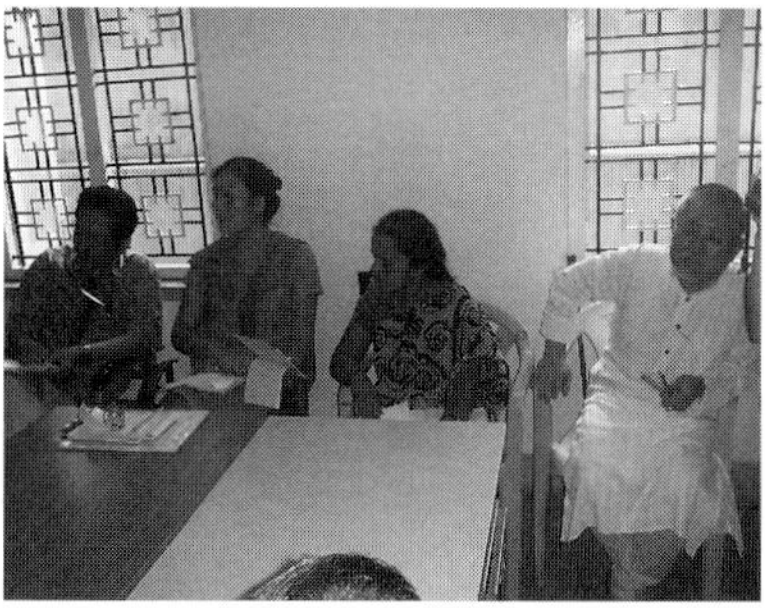

長畑誠さん（写真左端）の質問に答えながら、プロジェクトにおける「自分の立ち位置」を振り返るスタッフ。

者「敢えてやらなかったこと」は、説教しないこと、失敗しないようにと最初から手や口を出さないこと、相手の能力は信じても期待はしないこと、許可なくミーティングで発言しないいこと。長畑さんの質問で、私を含め、このプロジェクトに関わってきたスタッフは、改めて自分たちが何をしてきて、何をしてこなかったか、言葉にすることができた。言葉にしてしまえば、たったこれだけのこと。しかし、ここまで読んでいただければわかるように、私にとってこれらは、頭でわかっても、実際に身体が動くようになるまでには、プロジェクトと同じだけの時間が必要だったのだ。

第17話 プロジェクトの終わりが信金の終わりじゃない

倒産しないが課題は山積み

長く感じられる夏休みがあっという間に過ぎ去ってしまうように、3年間の「おばちゃん信金」プロジェクトも、数々の宿題を残し、不安も残しながら終わりを迎えた（2007年6月）。

しかしプロジェクトが終了しても、信金は倒産しなかった。

その後も、毎年会員総会が開かれ、会員数も取引高も着実に増え続けた。とはいえ、経営者も職員もお客さんも、皆スラムのおばちゃんたち。「アタシんたぁの信金」という意識は高いが、意識だけでは会社の経営はできない。

3年間のプロジェクト期間中、ムラのミライの研修を受けた運営委員（経営者）は、会則の「最大任期3年」に従って、1人、2人と経営から離れていった。新しく選ばれた運営委員に、会則や業務に関する研修、引き継ぎはなかった。会則をよく知らない新しい運営委員たちは、当然「会則を守ること」を職員に徹底しない。その結果、信金のローンを自分の親戚に優先的に貸し出すという、職員による会則違反が何度も発覚し、何人かの職員が解雇された。その後、新しく職員を雇っても、運営委員は、やっぱり会則の徹底や業務の指導をすることはなかった。

ある日、久しぶりにスラムに出かけた私は、10人ほどのおばちゃん会員に囲まれた。

おばちゃんA「ちょっと聞いて、信金の職員が毎月ちゃんと集金に来ーへんのやてぇ」

おばちゃんB「ほんで集金のとき、領収書を忘れてまった、という職員もおったんやよ」

おばちゃんC「この領収書見てみぃ！　私が払った金額より少ない金額が書いたる。アカンて、信じられんてぇ」

数年前の私なら、10人から一斉砲火を受ければその音量と迫力に圧倒されるばかりだったが、もうこのくらい、なんでもない。

私「みんな、よーぉしゃべるねぇ〜。誰の信金やったっけ〜？」

全おばちゃん「アタシんたぁの信金やて」
私「そーやてぇ〜、じゃあ苦情は、誰に言わなかんの？」
全おばちゃん「職員？」「運営委員？」
私「そーやてぇ〜。アタシに苦情を言ってどうすんの。だいたい領収書ももらわんと現金を払っとるほうが悪いてぇ。苦情は経営者である運営委員に言わなかんわ〜」
おばちゃんB「あっアタシ、運営委員やったわ！」
おばちゃんたちに言い返す一方で、あの3年間は何だったの？とクラ〜イ気持ちになった。ただ、この苦情の数々、当然といえば当然。信金の会計報告を見て安心していただけの私。その数字の根拠となる活動を、一つずつ検証してたわけじゃない。数字だけ信じていた私が悪かったのだ。
　この後すぐ、運営委員と職員向けに会則や信金業務の研修を実施したが、私自身は新しいプロジェクトの仕事もあり、以前のように信金だけに張り付くわけにはいかなかった。そんな状態でも、信金は倒産もせず続いた。
　そのうち運営委員のおばちゃんたちは、郊外の低所得者用団地に支店を開く計画を立て始めた。市内のスラムから郊外に引っ越したおばちゃんたちの多くは、金融サービスが受けられずにいるという。そこで、ムラのミライは、この支店開設計画を「支援」するために、新たな提案書をJ

意識
オバチャンたちの信金うまくいっているかしら・・・
今日は様子でも見に行こっ
よっ久しぶり
信金は順調かな？
なに のんきな事言ってるの？
苦情は多いし文句ばっかなのよ
面倒よね〜
ちょっと！
あなた達の信金でしょ!!
ほらっ また文句がでたっ
あちゃ〜〜

ＩＣＡに提出。郊外の団地のおばちゃんたちを新規のお客さんにしつつ、信金の利用対象者を増やしてゆくという、規模拡大プロジェクトだ。それが採用され、1年4カ月（2010年3月～11年7月）の予定で「おばちゃん信金」プロジェクト第2弾が始まった。

2度目のプロジェクト・マネージャー（プロマネ）をやることになった私。おばちゃんたちと再び活動できることを一瞬うれしく思ったが、これがまたまた甘かった。

COLUMN

コラム㉓ おばちゃん経営者はいつ現れる？

スラムのおばちゃんたちの日々の家計のやりくりを、信金のローンで助け、信金で働けるよう雇用を作り出し、そのうえ、おばちゃんたちの中から経営者も育てようというのはスゴイ話だ。団体登録からほぼ8年、今や３０００人を超える会員（２０１４年3月現在）を持つ「おばちゃん信金」。パリッと糊の付いたサリーに信金のＩＤカード、颯爽と仕事をするおばちゃん職員は超格好いい。数年前「アタシら貧乏人やで、援助して」と私に迫って来た人たちと、同じ人たちだなんてとても思えない。しかし、日々の業務ができる職員はいても、経営者はなかなか登場しない。信金の会則に従い、経営を最大3年任期で任される運営委員は、年2回の会員総会の開催、毎月の運営委員会の開催、それに職員の業務監督などは行うが、それ以上のことはほとんどやらない。《もっと会員が喜ぶサービスをいっぱい考え、より使い勝手のよい信金にしてゆこう！》と積極的に行動するような、経営センスのある運営委員は皆無だ。これまでずっと「援助の受け手」だったおばちゃんたちは、「サービスを受ける側（お客さん）」という受け身の姿勢をなかなか崩せないでいる。信金プロジェクト第2弾が終了した後も、「経営に関するアドバイスをしてほしい」とたびたび頼ってくる信金のおばちゃんたち。おばちゃん経営者が登場しない限り、おばちゃんたちはいつも誰かに頼り続けなければならない。名実ともに「おばちゃん信金」となるためには、「おばちゃん経営者」の登場が待たれるが、まだまだ時間がかかりそうだ。

COLUMN

コラム㉔ 低所得者用の団地

「おばちゃん信金」プロジェクト第2弾（2010年3月〜11年7月）の開始は、信金の運営委員が「郊外に支店を作りたい」と言ったのが発端。本店の実態がわかっていたなら「支店の前にやることがたくさんあるやろ！」と突っ込みを入れただろうが、設立後4年経っても、倒産しなかった信金。そのうえ、ローン貸付高は約7倍、会員数は約1・3倍（2009年3月時点、プロジェクト第1弾開始時の2004年度との比較）と、数字だけ見れば、着実に成長を続けていた。市内のスラムだけでなく、郊外の団地の会員も少しずつだが増やしていた。さて郊外の団地とは。201

ビシャカパトナム市に建設された郊外の低所得者層用団地。玄関側の通路塀に塗られたピンク色のペンキが印象的。

1年の国勢調査によると、インドの人口は12億人に達し、過去10年間で1億8000万人以上も増加していることになる（日本とタイの2国分の人口が増えたようなものだ）[19]。インド各地のスラムも膨張し続けた。2000年以降、インド政府は、低所得者向け住宅供給事業を本格化させ、猛スピードで増加する都市スラムの住人を次々と郊外の低所得者用団地へ移住させた。一部屋に、広さ約6畳半の寝室兼居間、小さな台所とトイレ兼バスルームが付き、平均4人から6人が暮らす。ビシャカパトナム市の郊外地区も同じ波の中にあった。そこに暮らす人々の多くは、これまで慣れ親しんだスラムでのご近所付き合いから断絶され、わずかな借金でも高利貸しを頼るしかない生活を送っていた。

第18話 「プロ真似」からプロマネへ
「おばちゃん信金」プロジェクト第2弾！　開始

《再びスラムのおばちゃんと仕事ができる！》。2010年当時の私は、このプロジェクトの再開に相当気合いを入れていた。今度こそ、プロ真似でなく、プロマネ（プロジェクト・マネジャー）をするぞ、と。

運営委員ら11名のおばちゃんとの初会議にのぞむとき、二つのことを自分に誓った。一つは、この新しいプロジェクトが「なぜ必要なのか」、彼女たち自身に考えてもらうこと。もう一つは、私の意気込みを彼女たちに悟られないこと。意気込みがバレたら最後、「アタシんたぁがウンと言わへんかったら、新しいプロジェクトは始められぇーへんのやよ。そやで、あれもこれもおねだりしんとかんてぇ～（おねだりしておきましょう）！」と、足もとを見られてしまうのは明らか。そこで何気なくやりとりを始めた。

私「将来、どんな信金にしてくの?」

おばちゃんA「そりゃあインドステイト銀行（Sate Bank of India）みたいに、全国に支店を持つ、女性の銀行にしたいてぇ、ねぇ」

私「…」

国内の支店だけで1万3000以上というインドステイト銀行[20]。市中銀行ではインド最大の銀行の一つ。「おばちゃん信金」の規模は、その100万分の1。インドステイト銀行を知らないだけじゃなくて、自分の信金のこともよくわかってないおばちゃんたちは、調子だけはいい。

私「信金の支店の数って、今いくつやったっけ?」

おばちゃんA「本店以外には、郊外の団地の支店だけやてぇ」

私「最近さぁ、支店に行った人、おる?」

おばちゃんB「私、3カ月前に行ったわ」
私「そぉなんや。で、何しに行っとったの?」
おばちゃんB「運営委員会の議事録が本店で無くなってまって、支店へ探しに行ったんやわ。でも支店にもあらへんかったんやて」
私「…」
おばちゃんC「そぉやてぇ、あそこは家賃を払っとるだけで、誰も使っとらんしなぁ」
私「ところでさぁ、先月ローンを借りに来とった人、本店、支店合わせて何人?」
おばちゃんC「15人くらいやないのぉ?」
私「みんなに聞くけど、先月ローンを借りに来とった人が、何人か知っとる人ーっ」
全おばちゃん「?」
ここまでは、たぶん60デシベル。この直後、おばちゃんたちは一斉に互いの非を口汚くののしり合い始めた。そのやかましさといったら、車11台が同時にクラクションを鳴らしまくった感じに近い。110デシベル以上だ。
読者の皆さんはすでにお気づきだろうが、これまでのやりとりで、私は今まで散々してきた不要なコメントを一切していない。信金の経営が、超いい加減なことをおばちゃんたちに気づかせたのは、「支店はいくつ?」から始まる事実を聞く質問だ。数分後、おばちゃんに負けない大声で叫んだ。
私「はいはい静かに〜っ！。インドステイト銀行に０・００１歩でも近づくために、努力する気があるんかね、ないんかね？」
全おばちゃん「努力するて！　頼むでアタシんたぁに必要な研修をやってよぉ、えかっ」
私の立ち位置は、明確だ。信金の立て直しとスケールアップに向けて、おばちゃんを猛特訓する鬼コーチだ。*こうして幕を開けた「おばちゃん信金」プロジェクト第2弾。最初の会議から、喉が痛い。おばちゃんたちは、とにかく声が大きい。おばちゃんたちとの長年のやりとりが祟ったのか、私の声は普段もわりと大声だ。20数年前、私が中学、高校の頃は、岐阜市内も、今より

ずっと人の声にあふれていた。電車やバスに乗ってから降りるまで、おしゃべりを続ける中高生とおばちゃんは当たり前だった。近年、年に一

度の帰国時にコワイとさえ思うのは、バスや電車の中の異様な静けさだ。信金のおばちゃんたちほどのデシベルは全く不要だが、目的地までほとんど話し声のしない狭いバスや電車の中。なんだか閉じ込められているような息苦しさを感じるのは、インド帰りの私だけだろうか。

＊4コマ漫画「鬼コーチ」に登場する「やなな」 人が段ボールを被った柳ヶ瀬商店街（岐阜市）の人気のゆるキャラ（２０１３年に引退）。

第19話 第2弾は、2カ月で中止？ 「プロジェクトもうやめちゃうぞ宣言」

今更だが、南インドのスラムのおばちゃんたちは、もちろん岐阜弁を話さない。彼女たちは、インド映画ボリウッド＊でお馴染みの俳優さんたちが使っているヒンディー語とは異なる言語、テルグ語を話す。このテルグ語、岐阜市出身の私が日本語に訳すと、岐阜弁が一番しっくりくるのだ。だから岐阜弁に翻訳したほうが、おばちゃんたちの生の声の感じが出る。

話を、「おばちゃん信金」の規模拡大プロジェクトに戻そう。

私たちスタッフの今回の主な活動は二つ。会計や会員管理を含む信金専用ソフトの作成と、約

1500人のおばちゃん会員全員に信金の仕組みを理解してもらうための、「おばちゃん指導員」に対する4回シリーズの研修だ。さっそく、実地テストをクリアした10人のおばちゃんが研修指導員に選ばれ、2010年5月に第1回目の研修がスタートした。

ここまでは、とっても順調だった。しかし、予定通りにいかないのが援助プロジェクト。その後、信金の帳簿や借入申込書などをデジタル化すべく細かく書類を見ていくと、次々とチョーいい加減な経営の事実が明らかになってきた。借り入れのルールを無視したローン申込書や、でたらめな帳簿の数々、会則を無視して自分の肉親や友人ばかりにローンを貸し出す職員、それを監督しない運営委員たち、などなど。

私は思いっきり眉間にしわをよせ、コワ~イ顔で運営委員とのミーティングにのぞんだ。「信金はさぁ、苦しい家計をやりくりして、わずかなお金を毎月、信金に貯金をする会員たぁのものやんか。会員たぁのお金を生かして、たとえちょびっとの額でも必要なときに、必要なローンを会員たぁに貸したげようという設立当初のモットーはどこ行ってまったの？　それがやよ、帳簿はでたらめ、ローンの借り入れルールも無視しとる、ほんで信金の規模拡大なんてよぉ言うわぁ。自分たぁで決めたルールを守れんような団体とは、一緒に活動なんかできんてぇ。もうアタシらスタッフは信金には来ぉへんでねっ、えかっ！」

これだけ言って信金の事務所を去った。すると、おばちゃんたちが追いかけてきた。

おばちゃん「アタシんたぁが悪かったて。もう会則違反はしぃへん。明日からちゃんとローンのルールを守って仕事をするで、プロジェクトを途中でやめるなんて言わんといて」

私「…そこまで言うんならこれから2カ月間、皆がどう行動するかで、この先のことは考えるわ、えかっ!」

開始後2カ月で中止っていうのはマズイなぁ、私の給与も減りそうだし。おまけに眉間のしわが取れないとさらにマズイ、とチラリと思ったが、そんなことは一切顔に出さなかった。おばちゃんたちの何人かが、必ずルールを守って信金を復活させると確信していたからこそ、「プロジェクトもうやめちゃうぞ宣言」ができたのだった。

***ボリウッド**　ハリウッドをもじった言葉。映画制作の中心が、ボンベイ（現ムンバイ）にあったことに由来する。ちなみ

にテルグ語の映画産業も非常にさかんで、そちらはトリウッドと呼ばれる。南インド出身のトリウッド俳優さんたちは、ボリウッドの俳優さんに比べ、ややふくよかな感じ。

第20話　ご利用は計画的に
立て直しは帳簿整理から

途上国での援助プロジェクトの主役は一体誰だろう。コラム25で紹介するように、当時の私にそんなことを考える余裕はなかった。次から次へと顔に吹き出物ができる毎日。スラムのおばちゃんたちと怒鳴り合う回数と吹き出物の数は、間違いなく正比例していた。

さて「会則もよう守れん人んたぁと、もう一緒にプロジェクトなんかできぃへん。信金の事務所にも来ぉへんでねっ、えかっ！」と啖呵《たんか》を切って事務所を後にした私。この後もすぐに吹き出物はできたが、おばちゃんたちがすぐに何かを始めるとは到底思えない。

この辺りは、岐阜の実家の母や近所のおばちゃんたちの行動パターンを思い浮かべてみれば、かなりの確率を持って読める。いざ、喫茶店でモーニングだ、ランチだとなると、あっという間に携帯で連絡を取り合って4、5人で繰り出す。旅行だろうが病院だろうが、さっさと決めてさっさと出かける。彼女たちの瞬発力は、というか、エネルギーは大したもんだ。とは言っても、何か、物議を醸しそうなことに関しては、途端に遠慮がちになり、グズグズと決断と行動を先送りする。たとえば、溜まりに溜まったモノの整理だ。納戸もタンスもあらゆる戸棚も、何年も使わず、いや、一度も使っていない買い出し品、もらい物であふれている。捨てる決断ができないのだ。どこかで、これは何とかしなければと思っているのだが、娘に言われた程度では、絶対というほど行動を起こさない。しかし、そうなるとモノは溜まる一方なので、「また新しく戸棚買おうかねぇ」などとのたまう。いい加減にして、とケンカになる。ということで、「やりたいこと」と「やらなくてはならないこと」で、瞬発力にエライ差が出てくるのは、いずこも同じだ。

案の定、「えーてえーて、そうは言っても、アタシんたぁがおらへんとプロジェクトができんのやで、そのうち困ってまって、事務所に戻って来るてぇ」と高をくくり、とくに何にもしなかった運営委員のおばちゃんたち。しかし、私も含めスタッフ全員は、「アタシんたぁの本気をみせんといかん」とおばちゃんたちにわからせるため、約2カ月間、信金の事務所に一切行かなかった。

1週間、2週間経っても音沙汰のない私たちに対し、「アカンがねぇ、このままやと本当にプロジェクトが終わってまう。あてにしとった日当や指導員謝礼もなくなってまう。パソコンの備品も買ってもらえーへんし、どぉーしょーお！」と、運営委員のおばちゃんたちも、さすがに焦り始めた。

慌てて会則を読み返したり、ローン滞納者の家を訪れ、返済の催促をしたり、帳簿と領収書を照らし合わせたりと、ようやく動き出した。

その頃、私たちスタッフは手分けして、過去1年間の借入申込書を1枚1枚調べたり、帳簿と会員個人の通帳に齟齬《そご》がないか会員1人ずつの家を訪ねて確認しに回ったりと、地を這《は》うように金額の根拠を調べ続けていた。１５００人を超える会員の家を1軒ずつ訪れ、通帳を1冊ずつ見るのに、２カ月以上かかった。

その結果…。帳簿上の未集金のローン合計も未返済者のリストも曖昧《あいまい》。「ご利用は計画的に」はローン利用者に向けた言葉だが、金を貸す信金のほうが、あまりに無計画なこと。過去1年間で信金からローンを借りた新規会員の数はごくわずか。信金の職員の１人など、70人ものローン保証人になっていて、そのほとんどが家族と親戚

誰？

と知人。領収書を発行せずに集金していた職員もいた。スケールアップどころでなく、信金倒産まで秒読みだわ、という事実が続々と判明した。

とはいえ、運営委員のおばちゃんたちもその間、「会則を守るぞ」と次々と行動を起こし、運営委員会をきちんと開き、いい加減にしてきた帳簿の確認や未返済者への催促などを始め、私たちを納得させた。活動一時停止から2カ月と少し、ようやくプロジェクトが再開した。信金の経営立て直しは、まずは帳簿と名簿の整理からだと、その後は信金ソフト開発のほうへと移っていった。

COLUMN

コラム㉕ 援助の主役は誰？

20代半ば、箸のように細いと言われていた頃、ボランティアで年に数回、ムラのミライが支援する南インドの農村に出かけていた。当時、とくに何ができるというわけでないのに、「私は海外プロジェクト担当！」と気負っていた。現地スタッフとある活動の打ち合わせをしていたとき、「これは私のプロジェクトだ」とポロリと口にしてしまった。その直後、「おまえのプロジェクトなど、どこにもない！」と親方の雷が落ちた。なぜ叱られたのか、さっぱりわからないまま数年が過ぎた。「おばちゃん信金」が始まり、次第に「おばちゃんたちは、援助を受けるだけの『お客さん』ではない。このプロジェクトは、おばちゃんたち自身が、『信金の経営者』になるためのプロジェクトなのだから、プロジェクトの主役はおばちゃんたち。だから『私のプロジェクト』などないのだ」と当時叱られた意味がわかったような気がした。それからまた数年が過ぎ、「『おばちゃん信金』の実現が本当に可能かどうか、彼女たちと一緒に挑戦したいのだ、だから私は信金に関わるのだ。だからおばちゃんたちも私も主役なのだ！」と思うようになった。もう誰かを援助しているとか、私のプロジェクトだとかいう気持ちはなくなっていた。同時に、私を箸のように細いという人もいなくなっていた。

第21話 信金専用ソフト立ち上げのウラ話
パソコン業者とおばちゃんたち

デタラメな帳簿や会員名簿などの書類を整理し、パソコンソフトの導入によって一気にデジタル化することになったスラムの「おばちゃん信金」。当時一緒に駐在していた関西出身の宮下和佳さん（現ムラのミライ事務局長代行）は、ソフト開発の担当もしていた。おばちゃん対策の最終兵器として、私が頼りにしまくった同僚だ。

宮下さんが地元のソフト制作会社と契約したときのこと。さすがＩＴ大国インド、ほどなく最初の試験版ができ上がってきたのだが…。

宮下「なんか注文したソフトと全然違うわ〜。おばちゃんたちが使うねんで。こんなんやったら、最初の画面がどこにあるかもわからへんやん」

業者「そんなぁ、ちゃんとご注文通りに作りましたよ〜」

体格も態度も大きいおばちゃん信金のスタッフの隣にいるのが宮下和佳さん（写真左端）。ひっそりした居住まいで、でき上がったソフトの動作確認を行っている。

20分後。

業者「ほら、あったでしょう。ここがスタート画面です」

その後、また延々とソフトの起動方法の説明を受ける宮下さん。

宮下「何十分も説明を聞かんと起動もできひんソフトでは困んねん。おばちゃんたちが絵を見て、ボタンを押すだけですぐ起動できるようにって、最初にお願いしたやん」

業者「わかりました。必ず修正してきます」

しかし、その次も、またその次も、ことごとく注文は無視され、業者は、ひたすら自分が作業しやすいソフトを作り続けてくる。いい加減、イライラしてきた宮下さんと私。

宮下「ここに顔写真を入れて、ここに印刷ボタンを入れてと、アタシが全部の画面を紙に描いたわ！　こういうシンプルなソフトが欲しいんやって。この通りにソフト作って持ってきて」

業者「何がダメなんですか。注文通りに作ってますよ！」

宮下「アンタが注文通りにやってくれてたら、アタシがこうしてわざわざ画面ごとにデザイン描く必要なんか、なかってんねんから！」

しかし、絵に描いて詳細に注文しても、業者は十の注文中九つの注文を無視して試験版を作り続けた。

敵は業者だけではない。信金の名

簿を顔写真付きでデータベースにすることになり、１５００人以上のおばちゃん会員をデジカメで撮影することになったのだが…。

おばちゃん「アタシさぁ、昨日お寺に髪の毛を寄進したもんで、丸坊主なんやてぇ。この写真がパソコンに残るのは嫌やで、パソコンでちゃちゃっと髪の毛描いといてよぉ〜」

宮下「女心はわかるけど、それじゃ証明写真にならへんし、写真の加工は一切だめ」

業者にもおばちゃんにも手抜きを許さず、信金のデジタル化を毅然と行う宮下さんと私。休日の映画、インドエステ、ヨガも手抜きすることなく、しょっちゅう一緒に出かけていた。

かくて、スッタモンダの末、10カ月近くかけた試験版がようやく完成。ソフト導入で、一見デジタル化した信金だが、機械を操作するのはおばちゃんたちだ。操作を間違えるたび、「アタシは悪くないで。アカンのはパソコンやで」と開き直る日々が続いた。

第22話 研修を指導するおばちゃん指導員への研修

心がけた四つのこと

しばらく業務のデジタル化と経営の立て直しに忙殺された「おばちゃん信金」だったが、この間にも、今回のプロジェクト第2弾のもう一つ目玉が着々と進められていた。約1500人のスラムのおばちゃん会員全員を対象とした研修に先立ち、その研修を担当する指導員のおばちゃん向けに行われる研修だ。

指導員研修といっても、大手銀行や大学からエライ先生がやって来て、おばちゃん指導員たちが講義を聴く、というものではない。

この指導員研修は、「おばちゃんによる、おばちゃんへの研修」を実現するために、会員の中から指導員になるぞ、と手を挙げて実地テストをパスしたおばちゃんたちが、研修のやり方を実践的に習得していくもの。指導員をトレーニングするのは、ソムニード・インディアのスタッフ、通称ラジュさん*だ。私の右腕だったラジュさんは、いつもは冷静沈着な切れ者。しかし、おばちゃんたちを前にしては、クールでも穏やかでもいられない。

気温は35度以上、湿度は80パーセント以上、ただでさえ狭くて暑い信金事務所は、研修を受ける指導員のおばちゃん10人がギュウギュウに座って、すごい熱気。「ア

丸めたノートや定規は、ラジュさん（写真中央）の必携道具。これを使って床をバシバシと叩きながら、5～6人が一斉に質問するおばちゃんたちに「静かに～!!」と叫ばないと、指導員研修は進まない。

カンてぇ〜、わからへんてぇ！」とラジュさんに大声でまくし立てて質問する指導員のおばちゃんたち。質問するほど熱心かというと、実は人の話を聞かないだけ。

おばちゃん「ちょっとぉ、説明がちっともわからへんてぇ〜」

ラジュ「あぁうるさ〜い！ 皆いちどに大声で怒鳴らんといて〜、最後まで人の話を聞きゃあて！ 5分ごとにわからんって叫んどるけど、皆がわからんような研修なんか、しとらへんがね！」

このやりとりを見ながら、ふと思い出したのは、特売と聞くと、アドレナリンが大量に出るらしい、岐阜のおばちゃんたちだ。岐阜にはあちこちに農協直営の生鮮野菜市場があるが、特売日の開店直後のおばちゃんたちのエネルギーはスゴイ。商品の注意書きを読むとか、値段以外の情報を得ようとか、そんな無駄なエネルギーは一切使わない。ものすごいスピードで、チラシに掲載された特売の野菜をゲットし、最短距離で、レジに直行する。レジ前の行列に、ほんのわずかな隙間があれば、その体重からは想像もできない軽やかな身のこなしで横入りをしてくる。《このおばちゃんたちのエネルギーを、なんとか指導員用の研修に活かせないか？》とあれこれと考えた。

そこで、ラジュさんが心穏やかに指導員への研修ができるよう、私は指導員向けの基本的マニュアルを事前に作っていた。その際、次の四つを心がけた。

一つ、研修に参加した会員を1時間、その場から立ち去らせない工夫。
二つ、10歳の子どもが聞いてもわかる研修内容。
三つ、デタラメな帳簿、デタラメな領収書、デタラメな会員名簿、そしてデタラメなローン借入申込書など、実際に信金で起こったことを教材として使用。
四つ、「信金の利用ルールを守りましょう」などの説教は一切禁止（研修のポイントは参加者自身に気づいてもらうこと）。

信金のおばちゃん会員の中で、読み書きができる人は10人に1人くらい。文字がいっぱいの教材はダメ。一家を、その細腕、いや太腕で支えているおばちゃんたちも多い。1週間に数日しか来ない給水タンク車の前で、水瓶をいくつも持って長蛇の列に並ばなくてはいけないし、そのうえ、生業や炊事、掃除、洗濯の家事。忙しいおばちゃんたちは、お義理で研修に出ることはない。退屈な研修なら「つまらんで、帰るわ」と平気で言う。

もちろん、研修参加者全員に高い日当を払って、研修が終わるまで、会場に座っていてもらうという手もある。それもアリかと思うが、研修をするからには、スタッフや指導員のおばちゃんたちが受講しても、そして、何より私自身が受けても、ウキウキする楽しい研修にしたい。指導員研修の回数は合計4回。私は指導員用のマニュアルづくりにしばらく没頭した。次は、指導員研修を終えて、本番の研修でキラキラ、いやギラギラと輝くおばちゃん指導員たちのお話だ。

＊ソムニード・インディアの通称ラジュさん　ムラのミライのインド現地事務所（ソムニード・インディア）のスタッフ。2004年の「おばちゃん信金」プロジェクト開始時からの男性スタッフ。

第23話　潜在能力開花！——おばちゃん指導員大活躍

本番で発揮された高い指導技術

いよいよ厳しい実地訓練を終えたおばちゃん指導員による、スラムの「おばちゃん信金」会員全員、約1500人を対象とする研修が始まった。

そもそも、なぜ全会員に研修をする必要があるのか。おばちゃんたちが生きる社会の最底辺には、ルールや制度が届きにくい。「ルールを守れば、その見返りに制度に守られる」なんて経験は彼女たちにはほとんどない。「信金のことを知り、信金のルールを守ると、こんなイイコトがある」と知ってもらうのが研修の目的だ。

ある研修では、信金の領収書が教材となった。まず指導員が、最近実際に起きた出来事として、信金の職員によるローン返済金横領事件を紹介。

この実話は一気に参加者たちを不安にさせた。「私のお金は、大丈夫やろうか?」とざわめき出すおばちゃんたち。そこで、指導員はすかさず参加者に次々と問いかける。「集金に来た職員が『領収書は後日持ってくるで、ええか』と言ったら、あなたはすぐにお金を渡しますか?」「領収書って何やろ?」「領収書をもらったら、まずチェックせなかんのはどこ?」などなど。

「領収書は大事やて。お金を払ったら必ず領収書を取っとかんとかん(取っておきなさい)」――指導員がこんな説教をしたなら最後、指導員評価表は減点だ。参加者自身に気づいてもらい、参加したおばちゃんたちの口から「領収書をちゃんともらっといて、取っとかんとマズイてぇ」と言わせなければならない。ちなみに、指導員評価表とは、指導技術の向上度を測るためのもので、一般的な指導員用のマニュアルを参考にして、私たちスタッフが独自に作ったもの(この評価表を基準に、指導員への謝礼金額が決められる)。

考えてみたら、私たちも、生命保険証書の定款を全部読むとか、領収書の記述をちゃんと確認するとか、日本国憲法の前文から第一〇三条まで読むとか、まずない。自分も含め、周りをながめても、そんなことをやりそうな人はまず見当たらない。とりあえず、店ではちゃんとレシートをくれるとか、そのレシートの控えが店にあるとか、そういうルールがあることで、万が一のときに私たちは守られている。いわば、私たちはそういう世間の仕組みに乗っかって、のうのうとしているところが大きい。もっとも、最近では日本のおばちゃんたちも、そんな結構な環境ではなくなっていることをジワジワと感じ始めてはいるのだが、とりあえずは本題に話を戻そう。

指導員評価表には、「説教禁止」の他に、「参加者全員に発言してもらう」「研修教材や備品に不備を来さない」などもある。監督役の私たちスタッフは、参加者の居眠りに気づかない指導員や折れた定規を使っている指導員を、次々と減点した。

監督スタッフは口々に、「アタシも指導員になりたいわ。そしたら必ず満点の指導をしてみる!」とつぶやいた。私もその1人だ。それくらい指導員への謝礼はよかった。

評価表が減点されれば、謝礼は減る。満点の場合、1回分の謝礼は、洋品店の店番の1カ月分の給与に相当する。援助プロジェクトでは、援助を受ける人のことを一般に「受益者」と呼んでいるが、彼/彼女たちへの謝礼や日当は、すずめの涙のような少額が多い。援助する側の理屈はさまざまだが、「『受益者』にはこの程度でよいだろう」という侮りは否めない。何を隠そう、イ

ンドで働き始めた頃の私がそうだった。

しかし、実地テストを経て選抜され、厳しい実地研修や厳しい評価表をクリアしていかなければならないおばちゃん指導員は違う。彼女たちには相当高い指導技術が求められている。高い技術を持つ人に、それに見合った高い謝礼を払うのは当然のことだ。援助だからとか、相手がスラムのおばちゃんだからとかは関係ない。

謝礼満額ゲットというギラギラの欲望に火が付いた指導員のおばちゃんたち。努力に努力を重ね、みるみる指導能力を向上させていった。その結果、まさに「参加者全員がやかましいほどに発言する」、そんな研修ができるスゴ腕指導員が続々と誕生した。こんな研修ができるおばちゃんはちょっといない。

コラム㉖ 指導員の不正事件

信金の会員全員を対象にした研修。私やスタッフは研修指導員の監督役だが、当初は研修予定日の変更が続出し、私たちが不在の研修もあった。ところが、私たちが不在のときに限って、研修を怠り、偽署名の出席簿だけを作成して、謝礼を請求する指導員が現れた（指導員は、1回の研修毎に参加者全員の署名付き出席簿を提出すれば、謝礼が請求できた）。第13話でもふれたように、政治家や役人、地元NGOにさんざん騙されたり、利用されたりしていたのだ。自分が同じ立場になったら、同じことをやるだけ、と他のおばちゃん指導員にもさほどの罪悪意識はない。一般のおばちゃん会員にしてもそうだ。人はよいが、普段の生活で、目先の利益に目が奪われがちなスラムのおばちゃんたち。「頼まれたから」「署名するだけでいくらかもらえるから」と簡単に偽出席簿に署名してしまう。そんなこんなに考えが及ばず、私は監督スタッフが不在の日も研修日にしていた。ただ、どうせ偽署名を集めるならもう少し巧妙に！と助言したくなるような底の浅さで、偽署名はすぐに見破られ、そのおばちゃん指導員は役職から外された。この事件以降、「不正ができる環境を作った私たちスタッフのほうが悪い」という反省のもと、スタッフ一同心を引き締め、研修の監督や指導員評価表の採点にのぞむことになった。

COLUMN

コラム㉗ モチベーションは大事でしょう

《援助プロジェクトに参加でき、少額でも日当や謝礼がもらえるのだからありがたく思え》。そんな気持ちがどこかにあった頃の私は、おばちゃんたちのモチベーション（研修やプロジェクトに参加する動機）など気にとめることさえなかった。しかし「自分なら?」と立場を変えて考えられるようになると、「○○できるとよい」と言葉だけでアドバイスされるのと、「○○できれば、○○円もらえる」と言われるのとでは、どちらがモチベーションが高まるのか、瞬時にわかるようになった。評価表の点数によって謝礼の額が決まるという方式。これは、明らかにおばちゃん指導員たちのモチベーションを高めた。結果、指導技術も驚くほど高まった。ただ、研修への参加者人数も謝礼の額に影響するので、不参加の人に偽署名をさせて、人数を水増しするような小さな不正は数しれず。一連の研修の監督と指導員評価表の採点は、まさにおばちゃんたちとの知恵比べ、私に「おばちゃんの立場に立って考える」という訓練の機会を与えてくれた。このおかげで、今では随分とおばちゃんの行動が読めるようになったが、実は「自分もおばちゃんになっただけ」と単純な理由もそこにはある。

第24話 プロジェクト第2弾、総仕上げ 支出計画づくりで、おばちゃんたち開眼！

私の好物は、イノシシの肉を使ったシシ鍋。亥年の私は40歳を過ぎ、岐阜市の健診が受けられるようになった。そのときもらった冊子に『ストレス解消のための10か条』というのがあるが、その中の3か条を抜き出してみる。「一つ、目の前にあることだけに集中しましょう」「二つ、一度にひとつのことだけ考えましょう」「三つ、何か決心したら、すぐ行動しましょう」。

これがインドのスラムのおばちゃんたちの「貧乏」の正体だ！と思った私。超ストレス社会を生き抜くおばちゃんたちには、この三つのストレス解除装置が自然に備わっている。だから、目の前の支出、一度に一つの支出だけを考え、支出を決めたらすぐ行動。しかしそれゆえの結果が、無計画な支出、返済能力以上の借金となる。

インドに来た当初の私なら、きっと、「あなたの『貧乏』の正体はコレやて！」と、自分で見

支出を示す絵カードを使った研修。研修に参加するおばちゃんたちも、指導員（写真左端）も、喧嘩をしているみたいな高デシベルを除けば、皆、笑顔で参加。

つけた回答だけをおばちゃんたちに押しつけていたことだろう。押しつけたところで、彼女たちは「ほんで何やね？」と、さっぱり意味がわからなかっただろう。「彼女たちの身になって」なんて、思いもしなかった当時の私だ。

無計画な支出と無計画な借金。これにおばちゃんたち自身が気づき、おばちゃんたちの力でよりよい方向に変えてゆく——そんな研修ができないだろうかと、好物のシシ鍋断ちをしてまで考えたのが以下の研修。ちなみにシシ鍋断ちは簡単だった。インドには、猪肉も鍋もなかったから。

まず、おばちゃんたちがお金を使いそうな項目を39種類の絵カードにした。食費なら米袋と野菜の絵、電気代ならコンセントの絵、電話代なら携帯の絵という具合に。次に、枠を書いた模造紙を用意した。横軸には、1月から12月までの各月の枠が、縦軸には「毎月の支出」（必需品など）、「特定月の支出」（年間行事など）、「突然の支出」（入院など）の三つの枠が書かれている。

おばちゃんたちに、模造紙の上に絵カードを置いてもらうのだが、いきなり「今年の支出を計画してみやぁ」と言われても、計画が瞬時にできる人なんていない。そもそも、そんなことができたら、無計画な支出も借金もない。

研修では、「去年、何にお金を使ったか？」をまず思い出してもらった（とりあえず、金額は不問とした）。試しに自分でも、絵カードを置いてみたが、何月に何にお金を使ったか、思い出すのは結構大変。

それでも「毎月の支出」からカードを置いていけば、意外と思い出してゆけるものだ。

絵カードがびっしりと埋め尽くさ

れた去年の年間支出一覧表を見て、おばちゃんたちは騒然。「えらいこっちゃー、どえらい出費が多かったんやんかぁ、アカン、心臓発作が起きてまう！」「ほぉやてぇ、アタシどんだけ毎月浪費しとったんやろ！」「20年前にこの研修を受けとったら計画的に支出しとったで、今こんなに借金はあらへんかったはずやて〜」。

そして次は、いよいよ今年の支出計画。絵カードを片手におばちゃんたちは、「今年はこの支出を控えんとかん」「祭りの支出を捻出せなかんで、前々月から倹約せな」「この月は出費が多いで、信金でローンを借りとこう」と真剣そのもの。

研修が終わり、信金業務デジタル化にめどが立った頃、このプロジェクトも終わりを迎えることとなった。その成果は、信金の取引高が教えてくれるはず？

第25話 本音で手助けできるおばちゃんになった私
「援助しない技術」の職人として

南インドの港町、ビシャカパトナム市に暮らして丸10年が過ぎた2011年7月。スラムの「おばちゃん信金」プロジェクト第2弾もこうして終わり、私はムラのミライを退職、同市を離れた。
2012年4月のある日、ソムニード・インディアの通称ラジュさんから便りが届いた。わずか50人にも満たない信金設立準備委員会のメンバーによって開始された「おばちゃん信金」だが、2012年3月には、会員数が2600人に達したという。信金プロジェクト第2弾を始める前年（2009年度）の年間貸付高は、日本円に換算してわずか200万円程度、ローン利用者は約200人。それがプロジェクト第2弾終了時の2011年度には、ローン貸付高が約1100万円、ローン利用者が2300人を超えた。ローン貸付高で5・5倍、利用者では10倍以上だ。この数字は、たとえ1人当たりのローンは少額でも、借りたい人が、借りたいときに、いつでも借りられる信金になりつつあることを意味している。

信金の開店時間前には、おばちゃんたちの行列ができる。ローン申請を待つ彼女たちの手には、信金が発行したIDカードと個人の通帳。「おばちゃん信金」では、個人の貯蓄金額と資本金に応じた金額を、無担保でいつでも借りることができる。夫や父親など男性の保証人は不要で、5人や10人のグループ単位での連帯責任もない。あくまで会員個人が個人の信用で、自分の都合に合わせて借金ができる信金だ。

ローン借入申込書を信金窓口の職員に渡すと、手際よくパソコンを使って手続きが始まる。1人当たり、手続きにかかる処理時間は、わずか5分。毎月の集金には、信金職員が、各スラムを訪れ、ローン返済金や貯蓄を集金する。それを、列車の車掌さんやファミレスの注文聞きの店員さんが持っているような持ち運び型領収書発行機を使い、その場で領収書を印刷し、会員に手渡す。これらの業務のすべてを、ムラのミライの厳しい訓練を受けたスラムのおばちゃんたちが担う。

「貧しい人々を援助するのだ！」と鼻息荒くインドに出かけ、10数年。援助プロジェクトに関わりながら、私が身につけたのは「**援助しない技術**」だった。「援助する側／される側」という壁を越え、共通の目標に向かって取り組む技術。当然、8年近く活動を共にしてきたおばちゃんたちは、言葉の本当の意味での「パートナー」だ。

別れ
今日でお別れね
信金は大丈夫？
失礼ね！私は
プロの経営者よ
頼もしいわ・・・
では日本に帰ります
インドから
どうやって
帰るの？・
岐阜から知人が
迎えに来るのよ
あれやだっ
もしかして
彼氏？
おーい
帰るぞー
鵜匠
すげ〜〜

「誰かを援助する」という思い込みを捨て、「自分がおばちゃんの立場だったら？」と問いかけながら、おばちゃんたちの思い込みと現実とを聞き分ける。問題の本質を見極めたら、今度はおばちゃんたち自身がそれ気づき、解決のための行動に立ち向かえるよう手助けする。まだまだ職人技にはほど遠い私。おばちゃんたちとの活動はこれからも続きそうな感じだが、第1幕「南国港町おばちゃん信金」のお話はこの辺りで。

では、ひとまず岐阜弁で「ご無礼します*（失礼します）」。

と終わるはずだったのだが、第26話もある。

＊ご無礼します　「失礼します」という岐阜弁。用例：お先にご無礼します（会社で1人早めに退社するときに使う。「お先にご無礼しました」と過去型にすれば、自分がお風呂から出た後、次に入る人に声をかける際、使うことができ、とても感じがよい。

COLUMN

コラム㉘　数字で見る信金経営

数字だけで信金の経営を把握してはダメだ、数字が出てきた「過程」を一つ一つ、自分の目で確かめろ！と身体で学んだ日々だった。信金事務所の中だけにいては、わからないことが多い。やっぱりハエと下水とゴミの中を大汗かいて、集金をする信金職員のおばちゃんに付いて歩き、会員のおばちゃんの家に行かねば、数字が出てきた背景は見えない。

数字で見る「おばちゃん信金」の8年間

（金額は年度毎のレートで円換算）

年度	会員数	資本金総額	ローン貸付高	貯蓄総額	ローン利用者数
2006	554	139,694	300,444	85,113	69
2007	625	149,683	1,666,468	287,077	216
2008	555	176,513	2,210,070	362,627	140
2009	745	216,874	2,134,336	426,481	213
2010	1,714	743,251	2,931,687	1,238,359	349
2011	1,896	1,569,189	11,883,191	1,997,262	2,334
2012	2,637	2,270,652	17,620,842	2,644,066	2,011
2013	3,136	2,340,142	31,327,106	4,732,889	2,633

隔日のローン申請受付日には、信金の前に長蛇の列ができる。

とはいえ、信金が倒産せず、成長し続けていることを示すために、ちょっとだけ数字をご紹介したい。「おばちゃん信金」の団体登録が完了し、本格的にローン貸付の業務が始まった２００６年12月から14年3月末までの会員数、資本金総額、ローン貸付高、貯蓄総額、ローン利用者数の変化を表に示してみた。[21] おばちゃんたちの景気のよい話では、今後3年以内に、４０００人の会員を目指すらしい。「具体的な計画は?」、なんて絶対聞いてはいけない。間違いなく「ドーンと言ってみただけやて〜」という返事が返ってくるのは間違いないところだ。

第**26**話　再会

岐阜とインド

２０１２年10月、私は約1年ぶりでビシャカパトナム市を訪れた。

久しぶりのおばちゃんたちとの再会に、恐る恐る信金を訪ねると、黒板に「今日の議題」が貼ってある。「歴史は繰り返す」とイヤ～な予感。「久しぶりやね、元気にしとった？　ハイこれお土産。*ほんじゃ、ご無礼します」と速攻で帰ろうと思っていた私は、20余名のおばちゃんたちに囲まれた。

早々に退席したい、という私の気

「久しぶりやで、一緒に写真を撮ろまい（撮りましょう）！」と言ったくせに、「主役はやっぱり自分！」のおばちゃんたち。原は最後部に頭が見えるだけの記念写真。

持ちにお構いなく、大声で会議を始めるおばちゃんたち。「今年の目標は、会員数３０００人、ローン貸付高３０００万円なんやて！」と相変わらず調子がよい**。しかし、彼女たちが出す数字に惑わされてならいのはすでに経験済みだ。「一体何を根拠に３０００人で、３０００万円なんや？」という問いに、「エ〜ッ、根拠ってなんやったっけ？」と。ラジュさんによれば、この年の４月に、運営委員や職員が計算機片手に、何度も資金繰りの試算をして算出した目標値らしい。なので根拠はあるのだが、そのことはきれいさっぱり忘れていた。違う話題でも、「それも忘れてまったわ〜。これも考えとらんかったわ〜」の連発。別れ際には

「信金の発展のために、アタシんたぁにアドバイスしたって！」ときた。「ナニ言ったたってどうせ忘れてまうで、アドバイスはせぇへん」とつぶやき、吹き出物を一つ作って、信金を後にした。

以来おばちゃんたちには会っていない。２０１３年以降、ムラのミライのスタッフが定期的に運営委員や職員の会議に出席することもなくなり、もちろんどこからの資金的援助もなく、地元ＮＧＯのスタッフがときどき顔を出すにしても、おばちゃんたちが中心になって信金は運営されていると聞く。

私は、インドを離れて以来ネパールのカトマンズに暮らし、岐阜に帰省（帰国）するのは年に一度だけだ。岐阜にいるときは、ちょくちょく実家の近所のおばちゃんたちの家に遊びに行く。おばちゃんというが、彼女たちはすでに60代後半から70代前半だ。私が中学生の頃からご飯を食べさせてくれたり、何やかやと面倒をみてくれている彼女たちは、40をいくつも過ぎた私をつかまえて「康子ちゃん」と名前で呼ぶ。彼女たちによると、この近所では60代後半から70代前半は若手らしい。

子どもたちがそれぞれ家庭を持ち、自分たちも定年を迎え、家事と生業に追われていた日々は一応ひと段落した。ようやくこれから自分の時間が持て、好きなときに習い事や買い物、旅行ができる、と思っていたおばちゃんたち。しかし、彼女たちを待っていたのは、１００歳前後の老親や老いた夫の介護、共働きの子どもに代わっての孫育て、慢性的な腰痛や膝痛、頭痛、高血圧といった自身の病院通い、などなど相変わらず忙しい日常に追い立てられるような日々だ。

家事、子育て、生業、町内活動、冠婚葬祭や行事、親や夫の介護、孫の養育…。来る日も来る日もこれらを黙々と担ってきたおばちゃんたちの存在なしに、世の中1日たりとも回っていかないのは岐阜だって、インドだって同じだ。そんなおばちゃんたちに、「万が一のとき、私たちは守られている。そういう世間の仕組みがここにある」と断言できるものはあるだろうか。おばちゃんたちが「守られていない」と感じる社会は、おじさんだって、若者だって、ましてや子どもにしたって、おじいちゃん、おばあちゃんにしたって、不安な社会に違いない。

そんな不安な社会を安心できる社会に変える力が、インドのおばちゃんや岐阜のおばちゃんたちの中にはある。そう信じている。

一見、何の共通点もなさそうなインドと岐阜のおばちゃんたちのつながりがチラリと目の前に広がってきた。それもこれも、「国際協力」なるものを通じてインドのおばちゃんたちと過ごした、長くて熱い（ホントに暑かった）日々のおかげだ。続きは第2幕で。

＊4コマ漫画「再会」に登場するお土産「タカネコーン」 高山市高根町の特産品。昼夜の寒暖差が生み出す極上の甘みが自慢のフルーツのようなトウモロコシ。1コマ目のイラストは、田中由郎さんも素案づくりに関わった高根町のゆるキャラ「高根こん太」。

＊＊実際のローン貸付高と会員数 コラム28の表に見るように、2012年度末の実際の会員数は2637人、目標3000人にはわずかに届かず。貸付高はおばちゃんたちが掲げた目標の半分ちょっと、約1700万円だったが、翌年度には見事3000万円を超えた。

第2幕

印度草双紙《いんどくさぞうし》

第1話　インド暮らしスタート

30歳の誕生日とほぼ同時に暮らし始めた南インドのビシャカパトナム市は、南北に約3キロ続く海岸通りが美しい。

海のない岐阜育ちの私には、海が見える暮らしは憧れだった。たとえそれがベランダからチラリと見えるだけでも。

外観築30年、実際築6年のアパートの部屋は、壁や天井のペンキはあちこちはがれ、台所の小窓はキチンと閉まらず、排水パイプ沿いにネズミがたびたび進入してきた。水回りは、詰まっているか、水漏れしているかのどちらか。1日に4回は着替えないと汗だく、という高湿度。当初は、そんな日常に、いちいち大騒ぎ。初めてインドを訪れて以来、ずっとインドで働きたいと思い続け、ようやく願いが叶ったのだ。ネズミ・ゴキブリ、電化製品の故障がナンだ。もっと大局に立ち、「貧しい」インドの人々の暮らしの向上に、邁進したらどうかと思うのだが、そうはいかない。毎日のようにあちこちにクレームする日々が半年ほど続いた。その後、これらすべてが解決し、快適な暮らしができるようになったか、というとそうではない。電気・水道の各工事、家電や扉の修理などほとんど必要なかった日本のような暮らしを、インドで実現しようという考え自体が甘かった。電気がつかなくても、水が漏れていても、毎朝ベンガル湾から朝日は昇る。「何とかなるだろう」と、ようやく思えるまで半年。

歩いて5分の事務所への通勤は、退屈などとは無縁だった。毎朝一歩、アパートを出れば、必ず皆が振り返り、あれこれと話しかけられたものだ。

引っ越した当初は窓からチラリと見えた海も、目の前にアパートが建ち、半年後には全く見えなくなった。

目が覚めるような美人だったから仕方ない、と思ったら大間違いだ。日本人特有の平たい顔に肌の色、一重か二重かわかならないような小さな目に眼鏡、ショートカットの私。ほとんど外国人を見かけることのない、インド人ばかりの同市ではとても目立ってしまった。

1995年に初めてこの地を訪れたとき（当時の私はまだ大学院生）、海岸通りのアパートは私が借りたアパートだけ。当時の空き地には、現在、黄色や青、オレンジなど色鮮やかなアパートがところ狭しと建ち並んでいる。

ビシャカパトナムの人口は、1991年から、10年で1・7倍、

20年で2・6倍に増えた。現在は、約170万人のインド第24位の都市*だ。急激な人口増加は、1980年以降、農村から仕事を求めて都市にやって来た出稼ぎ労働者によるものだ。外国人など滅多に訪れない僻地農村部からの出身者が集まり、急速に膨張した、都市の中にある大きな田舎。

岐阜の実家は、住宅の数より柿の木のほうが多いくらいの場所。そこに、目元パッチリ、鼻筋クッキリ、濃い褐色の肌、長髪で三つ編みのインドの女性がサリーを着て歩いていたら、間違いなく誰もが振り返るだろう。畑で働くおばちゃんたちが数人もいれば、「ほんでアンタさん、どこのじんやね（どこの人ですか）？」と必ず話しかけるだろう。その逆がビシャカパトナムに暮らす私だ。

＊インド第24位の都市　2014年現在。注2参照。

第2話　テレビCMとお手伝いさん

ビシャカパトナム市一番の繁華街。涼しくなる日没後から夜9時くらいまでの人出が一番多い。

2001年当時で、日本なら政令指定都市の川崎市やさいたま市クラスの人口130万となっていたビシャカパトナム市。車でいえばファーストかセカンドのスピードだったインドの社会主義的計画経済が、1990年代初めに、一気に5速の「市場自由化」にギアチェンジした頃、ビシャカパトナム市のようなインドの地方都市の人口も、加速度的に増加した。このギアチェンジが、新興国として著しい経済成長を続けている今のインドを作った。しかし、富裕・中間層は人口のごく一部、一説によればインド人の半数以上が貧困層で、それだけで世界の貧困層の4分の1を占めるともいわれている。要するに超格差社会だ。この面では、逆に「先進国」のほうがインドの仲間入りをしつつある。

インドのテレビCMの紹介をしよう。インド映画でお馴染みのヒンディーポップスをBGMに、俳優やスポーツ選手が華々しく登場する。言葉はわからなくても見ていて飽きず、どこか別の世界に引き込まれていくようだ。昼間の熱気が残る日暮れから夜遅くまで、羨望や憧憬の思いできらびやかなCMを観ていたのは私だけではない。日本人の私には耳鳴りしそうな大音量。向こう三軒両隣が何の番組を観ているかわかるほどだが、これがインドでは標準のようだ。都市のスラムでも農村でも電気のあるところには、2〜3軒に1軒の割合でテレビがあった。

テレビCMで紹介される商品はさまざま。インド国産品（家電、車、バイク、保険、超豪華マンション、食品、衣料、伝統衣装サリー、装飾品）はもちろん、外国の家電、パソコン、あるいは免税店でお馴染みのブランド各種と、まさに豪華絢爛《ごうかけんらん》。「もっともっと買い物して、もっともっと幸福になろう」というメッセージにあふれている。「もっともっと」現金を持って、「もっともっと」買い物すれば、「もっともっと」幸せになれるはずだ。テレビを観た人たちの中には、こうして現金収入を求めて、農村から都市スラムに移住してきた人も少なくないだろう。

2001年、インド暮らしを始めてすぐ、お手伝いさんを雇った。当時、日本国内の有給職員ゼロの小さなNGOで働く私が、インドに駐在でき、お手伝いさんまで雇うことができたのは、インドと日本の経済格差の「おかげ」だ。

お手伝いさんの名前をラニさん（仮名）という。寡黙で働き者の彼女は、私がインドを離れるまでの10年間、主に掃除のお手伝いさんとして私の面倒をみてくれた。

親が決めた結婚で、100キロほど離れた田舎から同市のスラムに移り住んだのは10代後半。日雇いで大工をしていた夫は、家にはほとんど帰らず、稼ぎはほとんど飲み代に。ラニさんは、掃除の仕事を何軒も掛け持ちしながら、女手一つで、2人の娘を育てた。彼女は「後進階級」という貧しい階層の出身で、政府が発行する配給カードを持っていた。このカードを使うと、米や油などの生活必需品が安く購入できた。ラニさんはときどき配給カードを質に入れ、高利貸しから借金をした。彼女は別だが、彼女の周囲には、返済が滞り、配給カードを高利貸しに没収されてしまう人も多くいたようだ。

第3話 大工、電気・水道・電話の修理屋さん

長年のインド暮らし、もちろんスラムのおばちゃんや地元NGOのスタッフの知り合いはたくさんいたが、次に多かったのが、大工、電気・水道・電話の修理屋のおじさんたちだ。大工とか、何とか修理屋という名前は付いているが、彼らの技術レベルは日本人の想像を絶する。日曜大工をする日本人の技術のほうが遙かに高いと思えるほどなのだ。

とはいえ、道具があっても、自分では修理できないトラブルが多発するのがインド。火を噴くコンセント、点滅し続ける蛍光灯、鍵が閉まらないドア、2日に1回不通になる電話線などなど。些細な故障でも「壊れる・修理する」が永遠に続く。そこで大工、電気・水道・電話修理屋は、超売れっ子職業。

基本的に人のよい彼らは「頼むで、はよ直しに来てぇ〜」と電話すれば、「よし、明朝ちゃっと（すぐに）行ったるで、待っとりゃぁ、えか」と調子よく言ってくれる。しかし信じる者は必ず騙される。何度も約束はすっぽかされる。「どうせ来ぉへんわ〜」と思ってはいても、ついつ

い約束の日時に待ってしまい、消耗する。

海岸通りにはＩＴ企業や製薬会社の社員、教師や医者などの高所得者層が多く住む高級アパートが立ち並び、郊外には富裕層向けのプールやジョギングコース付きの高級住宅街もできつつある。ごく少数のお金持ちはともかく、大多数の人たちは、狭い路地にひしめき合うように暮らしている。私が日常よく会っていた大工、電気・水道・電話修理のおじさんたちの仕事は、これぞ３Ｋ（きつい、汚い、危険）、おまけに低賃金である。知り合いの大工のおじさんの１人は、４畳くらいの空間に妻と３歳の息子と、親戚２人で暮らしていると言っていた。

日没以降のスラムの空気は、おばちゃんたちの天下である昼間とは対照的だ。肉体労働を終えてスラムに帰って来た男性たちが、酔っ払いとなって路上にあふれる。酔っ払い同士の喧嘩、夫婦喧嘩、トゲトゲしい空気が漂うのが、男性人

売れっ子
大工 電気・水道
電話の修理屋は
売れっ子すぎて
アイドル化していた
また今日も
家の中が故障
だらけだわ
修理屋に
電話しよっ
呼んでくれて
ありがとう
それでは
僕からの歌を
聞いて下さい
はっはー!
君との
愛を
修理
したくて〜
すてきっ

口が一気に増える日没後のスラムだ。

夕暮れどき、おばちゃんたちとのミーティングを終え、足早にスラムを後にするとき、知り合いの大工のおじさんによく似た背中が、入れ替わるようにスラムの明かり中に消えてゆく。彼は、農村にいたときに比べれば、何倍もの現金を毎日手に入れていることだろう。村より何倍ものスピードで時が流れるような大都市での彼の暮らし。夕食前のひととき、息子を膝に乗せ、きっとテレビCMを観ていることだろう。CMで紹介される物が一つ、一つ買えるようになったとき、彼は幸せになるのだろうか。

第4話　チャイとお母さんと戦争と

掃除の家事を手伝ってくれたラニさん（仮名）には、すでに成人した2人の娘さんがいる。もちろん2人ともビシャカパトナムのスラムの生まれだ。娘さんの1人、バワニさん（仮名）は、親戚たちが決めた結婚で日雇い労働者の男性と一緒になり、当時は海岸通りに屋台を出して、夕涼み来る人たちにチャイ（ミルクティー）やスナックを売っていた。

1日2回の水の供給時間には、路上で一斉に洗濯が始まり、細い路地はどこも水びたし。

バワニさんの1日はチャイづくりで始まる。商売用ではなく、まずは夫のために。夫がのんびりチャイを飲んでいる間、バワニさんはポリタンクを持って、市の給水時間がくるのを待つ。共同水場には、蛇口の付いた水道が設置されているが、いつも水が出るわけではない。1日のうち、水が出るのは、朝の1時間と、夕方の1時間程度。渇水期には、これもままならない。そうすると、今度は市の給水車がやって来るが、時間は当てにならない。同じようにポリタンクを提げたおばちゃんたちが、行列を作っている。順番待ちのおばちゃん同士の会話が、早朝のささやかな息抜きである。たとえ、傍目には大声でののしり合っているように聞こえても。

複数のポリタンクに水を満たし、掃除・洗濯・炊事・水浴びといった1日の生活に必要な

パワニさんのチャイを売る屋台もこんな感じ。

水を何往復もして家に運ぶ。前日の夕飯の残りを朝食にして、夫と小さな子ども2人に食べさせる。同時に、夫の弁当を作り、子どもたちの身支度を整え、学校に送り出す。自分は、家族が出かけた後に朝食を取り、洗濯（もちろん手洗い）、掃除をする。その後、水浴びをしたら、材料の買い出しや下ごしらえなど、屋台の準備だ。子どもたちが学校から帰ったら、仕事が終わって帰宅している母ラニさんの家で預かってもらう。あっという間に夕方だ。家から20分ほどの海岸通りまで屋台を引いて行き、夜の9時頃まで商売をする。屋台を片付けたら、子どもたちを迎えに行き、寝かしつける。子どもたちは、ラニおばあちゃんのところで夕食を食べさせてもらうことが多い。夫と自分の夕食を手早く作り、食べたら、ようやく長い1日も終わりだ。夜遅く、唯一の電化製品である中古テレビを観て、眠りに就く。

現金がなければ生きられない都市の生活で、現金がないということは、食べられない、ということだ。雨で夫が仕事にあぶれ、自分も屋台が出せない日が続けば、途端に日銭が入らなくなり、配給カードすら質に入れて、借金をしなければならない。

こう書いてくると、どこかで聞いたような気がしてきた。「1日の仕事と家事を終え、子どもが眠ってからのわずかなときしか一息つける時間がない」という働くお母さんたちは、日本にも、いっぱいいる。バワニさんの話が、遠いインドの話とはとても思えない。水汲みの必要はなく、電子レンジ、洗濯機、掃除機などの家電があっても、家事と子育て、生業がお母さんの肩にずっしりとのしかかっていることに大きな違いはない。バワニさんのように、その細腕（太い人が多い）で、1日1日、必死で子どもを育てているインドや日本のお母さんたち。アメリカ、中国、アフガニスタン、中央アフリカのたくさんのお母さんたちだって、同じだろう。私には知らないことが多すぎて、断言できるような事柄は少ないが、しかし戦争をしている国、戦争をしようとしている国のお母さんたちは絶対怒っていると断言できる。《我が子を戦地に送るために産み育てたのではない！》。

第5話 「お節介」という薬

インドで暮らすようになる前の数年間、「不安で仕方なくなる」状態を抗うつ剤に頼って生活していた時期がある。そんな私がインドで1人暮らしをすることに、両親をはじめ、周囲の人たちは、「インドでの仕事なんかえらいで（大変だから）、どぉせ続かへんてぇ〜」と思っていた。インドで暮らしてゆくうちに、私はウツとは無縁になった。たまたまインドの暮らしが合っていたことと、インド人の猛烈な「お節介」のおかげだ。

ソムニード・インディア（NGOムラのミライの現地事務所）の代表、ラマラジュさんを筆頭に、彼のお連れ合い、3人の娘とその夫たち、4人の孫、ラマラジュさんの2人の弟、2人の姉、姪っ子、甥っ子、従兄弟たちの大家族が一丸となって、私に直球ストレートの「お節介」を焼き続けた。毎日のように、「不安になったら、いつでも私を呼びなさい」と言ってもらっていた。

インドに赴任した当初、ほぼ週7日間、猛烈に私の生活に介入してくるラマラジュさんとその家族。当時の私は、自分との距離の取り方が全くわからなかった。「自分はどうしたいのか」を考える前に、「相手はどう思うか」ばかりが気になった。なので「ご飯を食べにおいで」などの申し出を断っては悪いと思い、呼ばれるたびに、出かけて行った。彼／彼女らにしてみれば、私は自分の意思すら、ハッキリ伝えられない「子ども」だったのだ。

ラマラジュさんとその一家は、日本からやって来た箸のようにヒョロヒョロの私を見て、まず「この娘を太らせなければ」と考えた。「太っていることは、美しい」という価値観がまだ色濃く残っている南インドの人たちだ。やれ昼ご飯だ、夜ご飯だと、野菜や肉料理、油いっぱい、香辛料いっぱいの、山盛りのご飯を食べさせてもらっていた。

結納式、結婚式、披露宴、子どもの命名式、成人の儀式と、どれも参加者100人では少ないほう。

　最初は「日本から来た、モノをハッキリ言わないお客さん」だった私は、次第にラマラジュさん一家の家族の一員として扱われるようになっていった。たとえば日曜の早朝、一家のうちの誰かが突然やって来て「昼からウチんとこの息子の婚約式やるもんで、アンタも来なかんよ、えか！」と呼び出されることは日常茶飯事。やれ結婚式だ、葬式だと、猛暑の中、冷房なしの電車やバスを乗り継ぎ、1日がかりで親戚一同汗だくになって、疲れ果てて目的地にたどり着くようなこともしばしば。「アンタもうちの家族なんやで、一緒に行くのは当ったり前やんか」と当然のように、冠婚葬祭があるたびに、一緒に行動していた。

お節介

原ちゃん
元気ないわよ
高熱が続いて
辛いわ
熱々の
タンドリーチキン
作ろうか?
食欲が
なくて
でもそんなに
体を冷やして
大丈夫?
体が
楽なのっ
つめたっ
日本人って
本当に
クール
ジャパンだわ
1人にしてほしい…

熱を出して仕事を休もうものならもう大変だ。やれ果物だ、やれお菓子だ、やれ病院だと、家族全員が、次々と朝から晩まで私の部屋にお見舞いに来てくれる。眠る暇もないほどだ。これでは、おちおち熱など出していられない、病気になっては大変だ。健康でいなければ、こんなに押しかけてくる、じゃなくて、こんなに心配をかけてしまうのだと思うと、自分の身体にとても気を遣うようになった。

1年もするうちに、さまざま薬がほとんど不要になり、5年もすると、Mサイズの服も不要になり、Lサイズになった。彼/彼女らの猛烈なお節介が「優しさ」だと理解できた私は、安心した気持ちになり、恐れずにハッキリと、自分の意思を伝えることができるようになった。

もし身近で不安になっている人がいたら、彼/彼女らのように激しくお節介できなくても、「安心しやあ」と言えるおばちゃんになろうと思う。

第6話　じいちゃん、ばあちゃんと孫

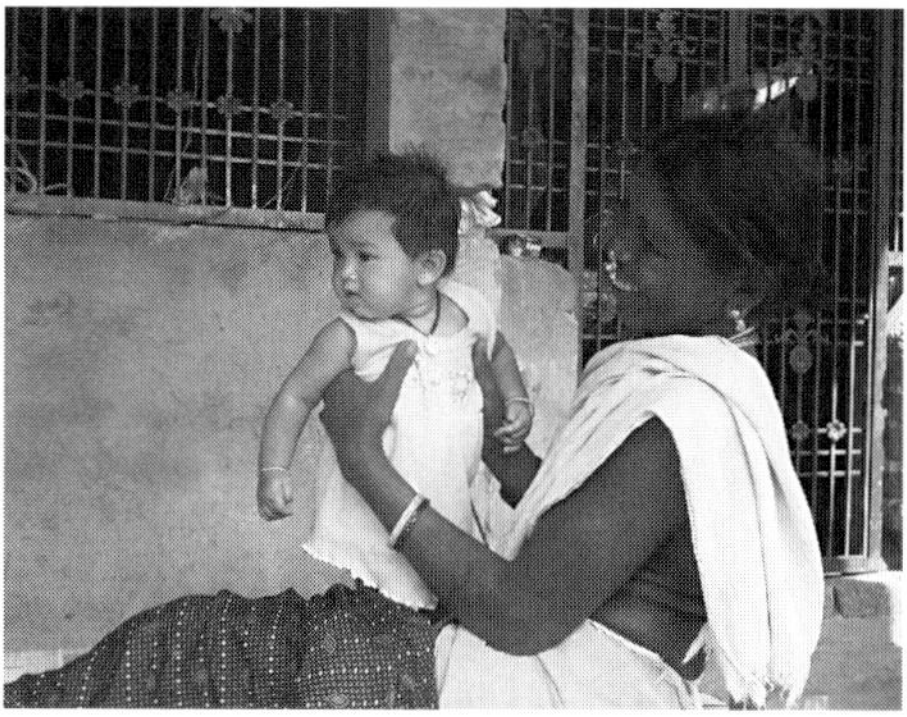
1日のうち、村の小さな子どもたちがおばあちゃん（血縁の場合が多い）と過ごす時間はとても長い。

インドでは昔から「5歳までの子どもは神様のお遣い」と言われてきた。それだけ5歳までの子どもはとりわけ大切に育てられてきたということだが、それは、生き延びる子どもの数がきわめて少なかったということでもある（現在もインドの乳幼児死亡率は決して低くない[22]）。だからこそ両親、祖父母、親戚一同が、一丸となって子育てをする。なかでも祖父母の果たす役割はとても大きい。

10数年前、私が通っていた山岳少数民族の村々[23]では、農繁期になると、働き盛りの親の世代は皆、遠くの畑や田んぼに仕事に出ていた。だから日中は、じいちゃん、ばあちゃんたちが幼い子どもの面倒を見ているという家が多かった。

村には、まだ焼き畑や狩猟・採集の暮らしの名残が色濃く残っていた。1年で最初に狩りを始める日、1年で最初にマンゴー（山に自生する野生のマンゴー）を食べる日、1年で最初に種を播く日など、村ではさまざまな年中行事が行われていたが、それらの儀式を取り仕切っていたのも村のじいちゃん、ばあちゃんたちだ。

子どもたちは、農作物や鳥、動物、植物の名前をはじめ、薬や食用になる植物のこと、毒を持つ植物や生き物のこと、狩りに使う弓矢の作り方や刃物の扱い方など、代々伝えられてきた伝統的な知識・知恵・技術をじいちゃん、ばあちゃんたちからたくさん教わっていた。「この花が咲く年は、雨が多くて豊作」「あの草が生えているところには、地下水が出る」といった、文字にされていない古くからの言い伝えもそうだ。

私も、おばちゃんでなくなったら、次はイク婆（親世代に代わって育児を担うばあちゃん）をせねば。インドの村のばあちゃんが持っているような豊かな知識・知恵・技術、というところまでは行かないにしても。

数字に強いインド人とは対照的に、私は数字に滅法弱い。なので、ざっくりと言う。私たちのご先祖様が狩猟・採集で暮らしていた「遠い遠い昔」から、じいちゃん、ばあちゃんたちは、働きに出る親の代わりに、村の子どもたちを育て、村の伝統的な知識・知恵・技術を途切れなく次世代へと伝えてきた。ところが今日では、近代化の波に巻き込まれ、これらがすっかり途切れてしまった地域もたくさん見られるようになっている。ほんの数十年前までは、世界中のどこでもごく当たり前の風景だったものが。

今思えば、私はインドの山奥で、祖父母から孫へと続く知識と知恵と技術のリレーが少しずつ途切れてゆくそうした現場に身を置いていた。村の子どもたちの多くは、小学校を終えると村を離れ、町の公立の寄宿学校で中等・高等教育受けるようになった。卒業すると、村には帰って来ず、町よりさらに大きな都会で働くようになった。村に残るのは、年老いた親たち。この親たちも、やがて1人で生活できなくなれば、子どもを頼って都会に出て行くのだろう。こうしてインドの山奥の村が静かに消えゆく。どこかで聞いたような話だ。

うかつな私は、おそらく歴史の変換点ともいうべき重大な現場に身を置きながら、その重要性に全く気づいていなかった。そして、その重要性に気づいた今も、どうしたらよいのかは、よくわかってない。

第7話　村の暮らしと五つ星ホテル

車はエアコン付きの4輪駆動で、ホテルは五つ星でないとダメ、週一のエステは必須、汚いトイレもゴミだらけの学校や集会場もダメ。私のことをそういう人だと思っている人がいたら、それは大当たりだ。おまけにカエル、ヤモリ、蛇もゴメンだ。人やら牛やらの糞尿とゴミが散乱する道を歩くのが憂鬱で、休日は家から一歩も出ない。そんな私がなぜ途上国で暮らしてゆけるのか、不思議に思う人は多いだろう。私だって不思議だ。

不思議なことはまだまだある。なぜ12人乗りのジープに、屋根や荷台から人が鈴なりになっているそのジープに、36人目の乗客として乗り込まなければならないのか。パンサーだか、チーターだかの肉食動物の遠吠えを近くに聞きながら、風でガタガタ揺れる家の土間で眠るのはなぜ。暑い室内で汗だくになって眠るか、ヤブ蚊がブンブンとうなる屋外で眠るか、なぜこの二者択一しかないのだろう。なぜヤギや牛の群れとか人の気配を気にしながら、川で用を足さねばならないのか。なぜビクビクしながら、小さな黒い虫とゴミが浮く自家製のお酒を飲まねばならないのか。

なぜ血液検査をする前から、「発熱してるからマラリアの薬を飲め」と言われるのか。ネズミが私の足下やお腹の上を元気いっぱい走り回る村の集会場で、なぜ何泊もしなければならないのだろう。田んぼのぬかるみを、月明かりだけを頼りに、1時間近くドロドロになって歩くのはなぜだろう。宿代はいくらでも払うと言っているのに、どうして開店以来一度も掃除をしていないトイレや、一度も交換をしていないベットシーツと枕カバーの宿にしか泊れないのだろう。

山岳少数民族の家の多くは寝起きする部屋と牛小屋が隣り合わせのことが多かった。牛小屋の壁に近いほうは、南京虫が多く、入り口に近いほうは、蚊が多い。「どちら側で寝る？」という質問には、答えるのが難しい。

20代後半からつい数年前まで、体力に任せて、「インドの人々の暮らしを理解しよう」「これも仕事のうちだ」と自分に言い聞かせ、「なぜ」と思いながらも上記のような体験をしてきた。しかし当時の私に「何がわかったの?」「だから何?」と聞いたところで、答えは限りなく「?」に近い。そんな苦労をしながらも、私は村の人たちの暮らしを「見ている」のに、「見ていない」人だった。この体験からどんな洞察を得たというのだろう。ただ大変な思いをして「体験」していただけだったのだ。村人から見たら「物好きなやつ」という程度だ。彼/彼女らの暮らしを体験し、それをどう仕事に活かすのか、どう村人の生活の向上に結びつけて考えればよいのか、全くわかっていなかった。そもそも

「村人の生活の向上」とは何を意味するのかがわかっていなかった。

現在の私と当時の私との決定的な違いは何か。今の私は「自分がわかっていないことは何か」を知っている。「見ていても、実際には見ていないこと」がたくさんあることを知っている。村人たちの目に、私がどう映っているのかを知っている。

途上国の人々と日本人の私との価値観の違い、その違い以上に、人間として共感できることのほうが増えていると感じられる日々。今では、彼/彼女らとの共通点のほうが多く、それがわかるのが楽しくて仕方ない。

第8話　流暢なインド英語

地元の岐阜にいるときは、モノリンガル（1カ国語：岐阜弁）でよいが、一歩岐阜を離れ海を越えると、仕事と日常の両面で3カ国語はどうしても使わねばならない。仕事で使うことの多い「英語」、南インドで使っていた「テルグ語」（アンドラ・プラデッシュ州の公用語）、そして現在暮らしているカトマンズでの「ネパール語」だ（3カ国語とも「できる」度合いは異なるが）。

ちなみに、テルグ語やネパール語は、インドやネパール以外でも結構使われている。それは彼/彼女らの出稼ぎ先が今では海外にまで広く点在しているからだ。たとえば、テルグ語なら米国のシリコンバレーで、ネパール語なら全世界のインドカレー屋で使われている確率は非常に高い。シリコンバレーにもインドカレー屋にもよく出かける人にはおすすめの2言語だ。

一方、岐阜弁は、岐阜県全域で通じるわけでなく、県内の南半分、美濃地方のみだ。一旦、美濃地方を出てしまうと、この言語を耳にできるチャンスは各地の「岐阜県人会」の集まりのときくらいだろう。

私のインド英語は正確に言うと「テルグ英語」。写真は、テルグ語の映画ポスター。

ところで、私の岐阜弁は名古屋出身の両親の影響で、若干名古屋弁に訛っているのが特徴だ。ただ、訛っているのは岐阜弁だけではない。仕事で使う英語も相当、訛っている。もしインド英語検定でもあれば、リスニングで高得点を取る自信がある。

数年前、出張でインドネシアの首都ジャカルタに行ったとき、ある事務所で、電話を貸してもらうことになった。日本人とインドネシア人のスタッフが、黙々と仕事をしている中、小声でインドに電話をかけた。あいにく雑音が多く、だんだんと大声になってしまった。訛りのキツイ私の「インド英語」に、一瞬、そこにいた人たちは「あれ？　なぜここにインド人が？」と驚き、周り見回したそうだ。

普段は英語に自信のある人も、インド人の独特の訛りには苦労するという話をよく聞く。インド人の英語が聞き取れず、自分の英語もなかなか相手に伝わらない、というのだ。そんな困った人を見かけるたびに、私はしばしば通訳を買って出る。間違ってはいけない。日本語／現地語（テルグ語）の通訳ではない、英語／英語の通訳だ。インド人をはじめ、南アジア出身の人たちと会話する限り、自慢ではないが、私の英語はとても流暢《りゅうちょう》だ。彼／彼女たちも私の英語を理解できるし、私も彼／彼女らの英語を理解できる。

映画やニュースで、インド人が英語を話し出した途端、それがどんなに早口であっても流れるように耳に入ってくる。訛っているから理解できるのだ。ただし、インド英語といっても実はさまざま。インドでは、出身州によっても英語の訛りが異なる。出身州の言語が皆、異なるからだ。[24]出身州の言語によって、イントネーション（言葉を話すとき、息の切れ目ごとに現れる上がり下がりの調子）が異なる。その言語のイントネーションのまま、英語を話すので、さまざまなインド英語ができ上がる。外資系企業の電話オペレーターの職に就いたインド人が最初に受ける訓練は、「出身州のイントネーションを取り除く」ことだと聞いた。

私は、ファシリテーション専門とかコミュニティ開発専門とかの肩書きで仕事をしているが、ひそかに「インド英語／日本英語通訳」という名刺を作ろうかと考えている。

第9話　マダムの怒り

　農村やスラムで何十年も活動してきたインド人のＮＧＯの代表（ボス／マダム）たちにとって、「国際協力」の専攻をかじった程度の30代そこそこの日本人駐在員など、しょせん「素人のお客さん」だ。たとえ少額でも自分たち地元ＮＧＯを支援してくれる団体の駐在員であるからには、なんとなく丁重に接してはくれるが、こちらがその丁重さを鵜呑みにし、偉そうに振る舞ったら最後、ボスやマダムたちをカンカンに怒らせてしまう。私が彼／彼女らを怒らせた回数は、自分で覚えているだけでも10回以上、忘れた回数を入れたら相当の数だ。

　インドの組織・団体と少しでも関わったことのある人はイメージしやすいだろうが、それがいかに小規模でも、ボスやマダムの権力は絶大である。そんなボスやマダムたちに向かって、どんなに丁寧な言い方であれ、「ああしろ、こうしろ」といった類いの指示をすることなどもってのほか。ましてや他のスタッフがいる前で。ボスやマダムを通り越して、現場のスタッフに直接指示を出すなんてことも厳禁だ。

ビシャカパトナム市に暮らし始めた頃、ある小さな地元NGOの代表（マダム）と知り合った。彼女のおかげで、私はいくつかのスラムに数年間、通い続けることができた。そして彼女のNGOと第1幕で見てきたような3年間のプロジェクトを一緒にすることとなった。

以前から、マダムが自分のスタッフに、食事づくりや買い物などをさせていたことは知っていた。また、マダムの意向を伺ってからでないと、会議一つ開けない、スケジュール一つ決められないということも知っていた。そんな彼女と仕事を共にするようになった私。案の定、マダムの意向をいちいち伺っていては、時間がかかって仕方がない。仕事中も平気で、スタッフを私用に使うといった公私混同も相変わらずだ。マダムのペースがだんだん煩わしくなってきた。

ボス
あれっ どこへ行くの？
ボスに頼まれた買い物よっ
公私混同だわっ 断らないと!!
怖くて言えないわ
私が解決するわねっ
あなたがボスね
言いたい事があるの こっち向きなっ
私に何か？
いやっ何も… インドって良いとこですねー

私はマダムに「公私混同してまったらアカンよ」と伝えた。もっとも私自身、なぜダメなのか、その理由まではよく考えたことがなかった。

就業規則や雇用契約があって、それ以外の仕事はしないのが普通じゃないかと思った程度。ところがマダムのNGOには、就業規則も雇用契約書もなかった。私に説得力はなく、当然マダムは私の言うことを無視した。

当時の私は、毎日勤務していたソムニード・インディア事務所（NGOムラのミライの現地事務所）で、インド特有の大家族的組織がもたらしてくれるさまざまな恩恵に預かっていた。にもかかわらず、「それはそれ、これはこれ」と考え、マダムの仕事のやり方を尊重しようとはしなかった。そんな私に自分が今置かれている立場を客観的に見るような余裕はない。ただただマダムの一挙一動が鬱陶《うっとう》しいばかり。それがつのって、彼女のスタッフに直接指示を出してこちらのペースで猛スピードで仕事を進めていくものだから、マダムはもうカンカン。私の上司に、「原の態度には我慢ならんで、はよ、あの子を帰国させやぁ、えか！」とまで言わせてしまう始末。その後も、彼女を何度も怒らせ、過去の経験から何ら学ぼうとしない私。他のインド人のボスたちにも同じようなことばかり繰り返していた。くだんのケースでは、「またか」と上司がマダムに謝り、マダムの前で私を叱り、謝らせることで、なんと

第２幕第５話で紹介したインド事務所のボス、ラマラジュさんも、私のことで、地元ＮＧＯのマダムに、よく謝ってくれた上司の１人だ。その彼をもよく怒らせた私。

かマダムの怒りを収めてくれた。それからは、ちょっと気をつけて、「マダムの意見を伺う」回数を増やしたが、それでもマダムの不満はプロジェクト終了まで続いた。

今思えば、インドの大家族的組織が正しいとか、契約書や就業規則に従った働き方が正しいとか、そういう問題ではなかった。「インドではこういう作法」という理解が必要だったのだ。そのうえで、折り合いを付けて、自分にも相手にも快適なワークスタイルというものを目指してゆけばよかったのだ。ボスやマダムを怒らせるたびに謝ってくれた上司に、感謝せねば。もし私が誰かの上司になることがあれば、今度は私が何度でも謝る番だ。「アタシを上司にすると、とてもお得やよ〜」と宣伝したい。

第10話 イシュワリさんの気づき

スラムのおばちゃんたちは、ムラのミライの「支援」を受けるずっと以前から、いろいろな団体からたくさんの「支援」を受けていた。ミシンの使い方や縫製の研修、布バッグづくりやカゴづくりの実習、エイズ予防教育、子どもを対象にした補習授業、無料健康診断など。

おばちゃんたちは新たな「支援事業」のたびに、そのスタートを「記念」する「式典」に呼ばれては、こうした「支援」を受け続けてきた。この種の式典では、通常、地元の政治家や役人、内外のNGOの代表がひな壇に座り、順番にスピーチする。おばちゃんたちはそれを一方的に聞かされる。最後に「支援物資」をもらって、「ご支援、ありがとうございます」と言わされ、写真撮影をして、式典終了、というのがお約束のパターンだ。

おばちゃんと呼ぶには若すぎる20歳になったばかりのイシュワリさんは、小児麻痺を患い、足が不自由だ。「おばちゃん信金」の創設時のメンバーの1人である。イシュワリさんが住んでいた町は、現地語で「障がいのある人の町」という通称で呼ばれている。と言っても、障がいのある人やその家族だけが住んでいるわけではない。低所得者の家族も暮らしている。2000年前後にビシャカパトナム市が、こうした人たちを対象に、安く土地が買えるよう、同市郊外に造成をした地域だ。当時は山の斜面に拓かれたわずかな土地に、ポツンポツンと小さな家がある程度だったが、最近では、2階建ての大きな家や色とりどりのアパートがところ狭しと建ち並ぶ。

「おばちゃん信金」では、既存のインド版頼母子講《たのもしこう》のメンバーを対象にした研修（金銭出納帳を付ける研修など）もいくつか行っていた。イシュワリさんは、車椅子に乗って、ときには母親に細い身体を抱えられて、こうした研修に何度も通った。そして、帳簿を自分で付けられるだけでなく、それを町内の講の他のメンバーにも教えられるまでになっていた。

イシュワリさん（写真奥左端）は、信金の設立準備委員会にも積極的に参加した。

この研修の最終日、イシュワリさんはマイクを持って、話し出した。「アタシ、あちこちの式典に呼ばれ、『エンパワーメント』って言葉を聞いてきたんやけど、何を意味しとるのか、全然わっからへんかった。ほやけど、今、帳簿が付けられるようになって、しかも、それを他の人に教えられるようになってまったもんで、もしかして、これがエンパワーメントって言うんやないかって思うようになったんやよ」。彼女のスピーチに感動して、私は涙ぐんだ。

イシュワリさんはその後も、町内で読み書きのできない講のおばちゃんたちに、帳簿の見方を丁寧に教え続けた。彼女が体調を崩したときには、彼女の回復を待って講が再開されるといった具合に、彼女は講のメンバーからとても頼りにされていた。

そんな彼女のあまりにも早い死。イシュワリさんは21歳になった直後、肺炎が原因で亡くなってしまった。悲しみにつつまれた「おばちゃん信金」の事務所内には、優しく微笑む彼女の遺影が静かに供えられた。

イシュワリさんは小児麻痺を患って以来、「障がいのある人」として、さまざまな「援助」を受け続けてきた。「援助」はその人の自信を奪い、自尊心を傷つけるもの、という考え方がある。それでもイシュワリさんは、「家族に迷惑をかけないよう、もらえるものは何でももらっておこう」と、さまざまな「援助」を進んで受け続けた。そしてムラのミライの研修を受けた後は、自分も仲間の人たちに多くの「援助」を与え続けた。

「共に助け合う」という活動は、時間や手間はかかるけれど、互いに信頼を築き合い、自信と自尊心を高め合うすばらしい関係を作り出してくれる。イシュワリさんが、帳簿の見方を講のメンバーに教えることは、彼女にとっても、彼女に教わる人にとっても、どれだけ貴重な体験だったことか。そんなことに気づきもせず、ひたすら一方的に「誰かの役に立ちたい」という気持ちばかりが先走っていた当時の私…。スラムのおばちゃんたちの「信頼」とか「自信」とか「自尊心」といったものには、思いを致す余裕すらない無神経な人間だった。

イシュワリさんが「これがエンパワーメントだ」と言ったときも、彼女の気づきの大きさを、実はまだよくわかっていなかった。ようやく、その意味と「援助する側」の無神経さに気づいたのは、つい最近のことだ。

第11話 単年度で予算消化する「こちら側」の都合

「おばちゃん信金」プロジェクトは、政府開発援助（ODA）のお金、すなわち日本の皆さんの税金によって実施されたものである。そのため実施期間中は年に一度、ビシャカパトナムから約1700キロ離れた首都デリーの国際協力機構（JICA）事務所まで報告会に出かけることが義務づけられていた。飛行機なら2時間、急行列車で32時間。インドに10年近く住みながら、首都に出て行くのはこのときぐらいしかなかった。もっとも岐阜にいるときも、東京に行く機会はあまりなかったが。

そのデリーでの報告会。プロジェクト開始から2年経っても、「おばちゃん信金」が評価されることはまずなかった。その理由は「予算消化のスピードが遅い」に尽きる。

報告会には毎年複数の日本の援助団体（インドでJICA草の根技術協力事業［コラム12参

照〕を利用して活動を行っているNGO）が参加した。報告会では、井戸や集会場づくりなど、事業開始直後から着々と施設の建設を進め、工程表通りに予算を消化していくNGOへの評価は高かった。ここで少し、ODAの予算執行には避けて通れない「単年度予算消化」に関する話をしてみたい。

途上国に赴任しているのに、現場の村やスラムに行く時間が思うように取れない駐在員は意外に多い。その大きな原因とされている一つが、「予算は単年度毎に使い切るもの」という暗黙のルールだ。

一般的に言って、日本のNGOは欧米のそれと比べて遥かに事業規模が小さい。自主事業や会費、寄付による収入だけで長期の事業を継続的に行えているところは非常に少ない。コンビニやカラオケに行くような気軽さで活動に参加する人たち、あるいはパチンコに出資するような気前の良さで寄付をする人たちは日本ではまだまだ少ないということでもある。制度的に見ても、大企業や資産家が率先して高額寄付を行えるような環境にはない。こうした理由で、とりわけ長期の活動を継続的に行おうとするNGOの主な財源は、公的資金、たとえばODAや財団等の委託金、補助金に頼ることが多くなる。

公的資金の多くは、制度上、単年度で予算を使い切ることが原則。その結果、事業開始から効率的に予算を消化していくNGOほど、お金を出す側（政府や財団など）にとっては評価の高い

NGOとなる。だからNGOのほうも予算の消化度を重視した工程表を作りがちとなる。

するとどうなるか。そうした工程表は、支援を受ける人たちの都合ではなく、NGOの都合で作られるケースが非常に多くなる。正確には、委託金や補助金を出す側の制約*のもとで作成されることが多くなる。お金を出す側は、いつでも圧倒的に強い。

支援を受ける人の都合を二の次、三の次にしてでも、工程表通りに年度内にお金を使わなければ、次年度の予算獲得ができない。自分の給与も出ない。となると、どうしても、予算消化すべく、領収書を集め、「すべて工程表通りに滞りなく終了!」という成功談に満ちた報告書を作り続けねばならなくなる。しかも、年度末だけでなく、3カ月単位での報告義務も加われば、その作業は膨大だ。インターネットもコピー機もない活動現場に張り付いていては、こうした書類づくりの仕事が「おろそか」になってしまう。

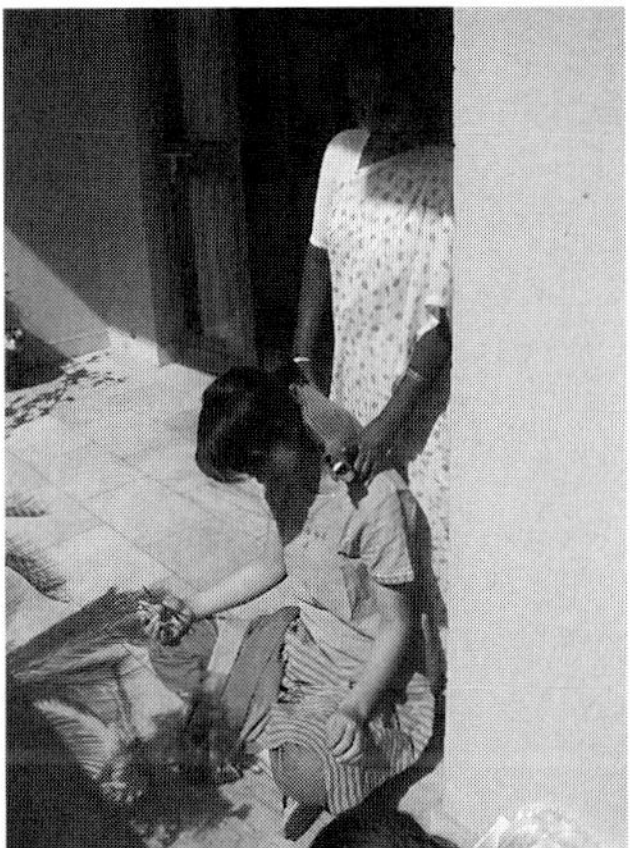
書類づくりが続くと、事務所のパソコンの前から離れられず、眉間のシワが深くなり、肩こりもひどくなる。写真は湯たんぽで肩を温めてもらっているところ。

予算消化に手っ取り早いのが、機材の購入や施設の建設だ。細々した少額の領収書を集めるより、高額の機材を一つ買ってしまえば、領収書1枚であっという間に予算消化が可能となる。建設会社に一括して発注すれば、これまた高額の領収書数枚で、一気に予算消化ができる。

「援助」を取り巻くこのような矛盾に翻弄されながら、途上国にいるのに、活動現場に行けない若いNGO駐在員はたくさんいる。そんな彼／彼女たちに、できる範囲でいいから工程表の眼鏡を外してみよう、**と伝えたい。工程表にないことで、おばちゃんたちの声を聞いてみよう、そうすれば、今までとは違う世界がきっと見えるようになります、と。ただし、「予算消化もタイヘン、成功談ばかりの報告書づくりもや〜めた！」と一大決心をした途端、仕事がトンと減ってしまった私の言うことには、また別の注意が必要だが。

*委託金や補助金を出す側の制約　コラム12参照。
**工程表の眼鏡を外してみよう　コラム20参照。

第12話　マハラジャとピースサインと幸せ

昔むかしのマハラジャ（藩王）の時代、オディシャ州とアンドラ・プラデッシュ州の州境、インドのある国の小さな村でのお話。その国のマハラジャは、その当時、東ガーツ山脈の端に位置する起伏に富んだ地形を利用して、溜め池などの灌漑設備の建設に力を注いでいた。これにより、彼の領地一帯は、有数の「米どころ」として有名となった。

あるとき、マハラジャは行列を仕立て、この村の前を通りかかった。ふと見上げると、藁屋根の上で、1人の村人が昼寝をしている。マハラジャに気づいたその村人は、マハラジャに向かって、ピースサインを送った。

マハラジャはお供の大臣を呼びつけて言った。「指を2本振っているが、私をバカにしてるのか？　怪しからん！」。大臣はかしこまって答えた。「とんでもございませぬ。あの者はあなた様の統治に感謝しているのです。指を振っているのは感謝のしるしなのです。『あなた様のおかげで今日の晩ご飯と明日の朝ご飯の2食は食べられる、こんな幸せなことはない』というのが、2本指の意味するところでございます」。

これは、南インドの人たちが自虐的に使うことの多い小話の一つだ。オチは、「取りあえず2食確保できれば、それ以上働かない怠け者の南インド人。だから、南インド人は、北インド人との競争に負けてしまう」[25]となる。

マハラジャの時代から、イギリスによる植民地時代、インド独立を経て、今や市場の自由化を旗印に経済新興国として目覚ましい発展をとげ続けているインド。南インドの村人の暮らしも、

マハラジャがいた頃と多分、同じ空、同じ山、同じ強烈な太陽の日差し。屋根の上の電線はなかっただろうけど。

「昔むかし」の頃から比べると大きく変わったに違いない。しかし、変わらないところもあるだろう。

マハラジャにピースサインを送ったあの村人の「幸せ」とは何だったのか、と考えてみる。少なくとも、彼の「幸せ」は、あくせくと働いて、たくさんのモノを手に入れることではなかっただろう。

日本人の私が今、手に入れているモノを、その村の人が持っていないから貧しい、だから不幸せだと思い込み、日本人と同じモノを持てるようにすることが「援助」であると言うなら、それは大きな間違いだ。彼/彼女らを「貧しい」と決めつけるのは、いつも私のような外部の者だ。「あれがない、これがない。だから不幸です」と村人に言わせてきたのは、私たち「援助する側」だ。

もしマハラジャの時代の、あのピースサインをする村人に会えたなら、彼と一緒に藁屋根に寝転んで、「幸せ」について、聞いてみたい。

第3幕

日本のおばちゃんとして

途上国で働く三つの理由

第1話　途上国で身につけた「援助しない技術」

若い世代の（自称他称は不問）読者の皆さんに聞いてみたい。「ここまで読んでくださって、どんなメッセージを読み取っていただけましたか？」。おそらく皆さんの中には、私には読めない画数の漢字を使って、私のメッセージを深読みし、洞察力に満ちた感想を送ってくださる方もおられるだろう。そのときは、ふりがなを忘れずにつけて欲しい。また、なかには、「とても面白かったので、最後まで4コマ漫画だけ読みました」というメッセージを送ってくださる方も、多数いらっしゃるだろう。そういう方は、景気よく2冊目も買っていただきたい。

いよいよ本書も最後の第3幕。そろそろ、まとめなければいけない。ところが、机の引き出しとカバンの中をお見せできないのが残念だが、私はまとめることが大の苦手だ。そこで、代わりに、失敗ばかりの私が今もこうして途上国で仕事を続けられている理由を、残りの3話を通じて少しだけお話することにしたい。

まず一つ目の理由、それは、第1幕でふれてきた「**援助しない技術**」に関わる。私はこの反転の発想の魅力を、「援助」活動に携わっている（あるいはこれから携わろうとする）多くの人たちと共有したいと望むようになった。インドのおばちゃんたちが私に気づかせ、教えてくれたことへの、せめてものの恩返しの形として。

インドのおばちゃんたちに揉《も》まれて身につけたこの「援助しない技術」、その10のステップ（らしきもの）をあえて列記すれば、次のようになる。

その1――自分の立ち位置を理解する。「私は何をするためにここ（私の場合は、途上国）にいるのか？」と問うこと。これは、「一体おまえは何者だ？」と、自分に問いかけるのと同じだ。

その2――事実のみを聞く質問もしくは対話（相手の声に耳を澄ます）を通じて、相手自身の状況を相手自身の言葉で語ってもらう。

その3――事実のみを聞く対話をさらに続けながら、相手の「事実」と「思い込み」を嗅ぎ分け、「事実」に基づく課題を把握する。同時に、その解決に向けて相手と活動を共にしようとするとき、どのような共通課題が生まれてくるのかをあらかじめ考える。

その4――共通課題を見つけたら、「私もこのような形で一緒に取り組みたい」という共感の意志を相手に丁寧に伝える。

その5――相手から同意を得られるまで「待つ」（同意が得られてはじめて、一緒に活動することができる）。

その6――具体的な実践活動に入る前に、まず、1人なら何ができるか／できないか、地域の仲間となら何ができるか／できないか、地域の仲間以外の助けはどんな場合に必要か等を、相手に考えてもらう。相手の意見に耳を傾けながら、自分も考える。

その7――それぞれの活動領域が明らかになったところで、活動計画を一緒に作っていく。活動計画表は、自分にとっても、相手にとっても誰にでもわかるように、図や絵を用いて丁寧に作る（活動計画表は、互いに共通の目的地にたどり着くための地図のようなものだ）。

その8――計画表に基づき一緒に実践活動を行う（地図通りに歩いてみる）。

その9――実践した後（歩いた後）、うまくいったこと、いかなかったことを一緒に話し合い、次の活動に活かす。

おばちゃん信金の会議に「オブザーバー」として参加させてもらう。カメラアングルと姿勢が悪く、肩甲骨が埋もれている私（写真左端）。

その10――1から9までの繰り返し（ただし、計画の実践においては、状況に応じて地図のルートを変更したり、地図そのものを作り変えたりすることもある）。

ちょっと気むずかしい書き方になってしまったが、内容はご覧の通りで極めてシンプル。しかし、簡単そうに見えることほど、難しいのは、野球もサッカーも麻雀もヨガも同じだ。

「ほーかね、そんな技術やったら、何も途上国まで行かんだってええやんか。岐阜におってできんの？　せめて国内におってやったらええに〜」と、岐阜のおばちゃんたちに猛烈に突っ込まれそうだ。ホントにそうだ。そんな「援助しない技術」なら、おそらく日本の「現場」でも十分に役に立てそうだ。実際、私の友人・知人たちは、福島の子どもたちの保養プログラムや健康被害の早期発見・治療などの活動、若者・シングルマザーの貧困問題、高齢化の進む農村での地域おこし等で、すでにこの「技術」を使って活動している。

岐阜のおばちゃんたちからは、「ほんで？　ほうしたら、なんでアンタは（途上国に）行くの？」とさらにダメ押しをされそうだが、実はその答えも極めてシンプル。私がそこに行きたいからだ。とってもわかりやすい。

第2話　勝ち組・負け組・おまけ組

実は、私が途上国で活動を続けている二つ目の理由は、今ふれた岐阜のおばちゃんたちの「突っ込み」そのものの中にある。「岐阜におってできんの?」。まさにその通り。私はインドのおばちゃんたちから、大切にすべきたくさんのことを教えてもらった。教えてもらううち、今度はそれを日本の「支援」の現場にも是非伝えていきたいと思うようになった。

まず、インドの短い新聞記事[26]をご紹介しよう。「アンドラ・プラデッシュ州では、人口ゼロの村が1514にも上っていることが判明。水不足、重度の化学物質汚染・大気汚染、経済特区・輸出特区政策などによる強制移住が、その理由に挙げられている」。

消えゆく村の数は、インドの市場中心の経済政策が今のペースで進んでいく限り、減ることはないだろう。日本はその点でも「先進国」だ。今も原発事故や少子高齢化で危機にさらされている村は増える一方だ。

猛スピードで新興国へと成長したインド。その大波は、驚くべき勢いで多くの村々を押し流し、都市スラムに移住せざるを得ない人々を大量に生み出してきた。国を越えた激しい競争社会は世界中にこうした状況を作り出し続けている。それは、一握りの人たちが「勝ち組」となり莫大な富を握るにはとてもよい仕組みだが、レースに敗れたり、レースに出遅れた膨大な数の「負け組」の人たちにとってはまさに悪夢のような社会だ。超お金持ちとそうでない人々との加速度的な格差の拡大は、インドにおいても日本においても、最も弱い立場に追いやられた人々を真っ先に襲う。

朝の給水時間中、玄関先も洗濯場所に。

信金のおばちゃんたちは、その意味で、最初からスタート地点にすら立てない、自他共に認める最底辺の「負け組」だ。市場で売れないくず野菜や、漁港で捨てられる魚を路上で売り、「掃除婦」をし、屋台を引き、毎日わずかな現金収入を得て、今日も家族の生活を支えるために働いている多くのおばちゃんたち。インドの経済成長など別世界。激しい競争には、ハナから参戦できていない。そんなおばちゃんたち個人に、お金を貸してくれる銀行などどこにもない。そこで、たとえ1人1人はわずかな金額でも、仲間同士でお金を出し合って作り始めた「おばちゃん信金」。倒産もせず、毎年規模を拡大し、今では3000人以上の会員を持つに至っている。

　信金で借りたお金は、日々の家計の足しに使われているケースがほとんどだ。[27] これまで、わずかな現金ですら、高利貸しや親戚、隣近所に頭を下げて借りるしかなかったおばちゃんたちが、今では誰に遠慮するでもなく、堂々と、自由に、活き活きと、自分たちのお金でやりくりできるようになっている。信金は、激しい競争社会とは対極の社会、彼女たちの自尊心を守り、そして高め合う、全く新しい共生コミュニティなのだ。

　実は、彼女たちは競争に勝ってもいないし、負けてもいない。私はそれを「おまけ組」と呼んでいる。「競争に勝ってませんけど、ナニか？」という代替案の一つが、「おばちゃん信金」なのだ。南インドのスラムのおばちゃんたちは、この「おまけ組」が秘める大きな普遍的価値を私に教えてくれた。

　家事、子育て、生業、介護に日々追われ、ため息をつきながら生きている南インドのおばちゃんたちと、日本のおばちゃんたち。彼女たちが安心して「守られている」と思える、「おまけ組」の共生コミュニティをみんなで作っていきたい。それが私のやりたいことだし、そうした発想に立った個々の実践が、きっと私たち日本の社会にも変化をもたらしてゆくはずだと信じている。

第3話　日本国憲法とおばちゃん

私が途上国に出かけてゆく理由の最後に、日本国憲法について一言。

途上国では、紛争が今も至るところで引き起こされ、人が殺し合っている。原因はいろいろ。でも、よく目を凝らしてみると、だいたいは、一握りの「勝ち組」、もしくは一刻も早く「勝ち組」になろうとする部外者が、よその資源を都合よく利用して、手っ取り早く大々的にもうけようとする場合に生じていることが多い。そういう人たちは、「経済成長」という旗を振り、乱開発、環境汚染を引き起こす。結果、その土地の人々のコミュニティと生活を破壊する。それにつけ込んで、今度は、対抗する勢力がその土地の人たちを煽って、利権を奪還しようとする。悲しいことに、こんなパターンばかりだ。

この部外者は、本人が自覚しているかどうかは別として、日本人（どんな組織に属していようと）であるかもしれない。もしそうなら、日本人もまた、それらの紛争を引き起こした直接、間接の当事者である。私たちの「豊かな」暮らしの背景をじっと見つめていくと、こうした問題に必ず突き当たり、目をそらすことができなくなる。

私は、この現実に翻弄されることもある。たまたま、仕事で紛争地すれすれの場所に行くようなときだ。そのとき、日本人である私を辛うじて守ってくれているのが、実は日本国憲法の第九条*である。「武器を持たない、戦争をしない日本人」として信頼されてきたことを、私は途上国での長い暮らしを通じて身をもって感じている。それは、途上国にある諸外国の大使館を囲んでいる塀の高さにも現れている。アメリカの大使館など、まるで要塞のようだ。それに比べ、日本の大使館は、はるかにのどかな佇まいをしている。桜の季節には、塀を跳び越え、薄桃色の花びらが歩道に舞う、美しい日本大使館もある。[28]「戦争をしない」国の大使館が襲われる可能性はとても低いのだ。

しかし、今（２０１４年７月）、一部の政治家が憲法を拡大解釈し、武器を持つ兵士を海外に送ろうとしている。[29]おまけに、憲法の拡大解釈だけでなく、政府開発援助（ＯＤＡ）を使った軍事援助まで許してしまおうという動きもある。[30]近い将来、「戦争をする日本人」は格好のテロや襲撃の標的になり、防弾チョッキを着ての途上国「支援」は当然、という日が来てしまうかもしれないのだ。

そんなの絶対いやだ。そこで、危機感を持って、高校卒業以来全く読んでいなかった日本国憲法を読み返してみた。

日本国憲法の前文、第2段落目以降にはこう書いてある。改めて一字一句、噛みしめて読んでみた。

「日本国民は、恒久の平和を念願し、人間相互の関係を支配する崇高な理想を深く自覚するのであつて、平和を愛する諸国民の公正と信義に信頼して、われらの安全と生存を保持しようと決意した。われらは、平和を維持し、専制と隷従、圧迫と偏狭を地上から永遠に除去しようと努めてゐる国際社会において、名誉ある地位を占めたいと思ふ。われらは、全世界の国民が、ひとしく恐怖と欠乏から免かれ、平和のうちに生存する権利を有することを確認する。

われらは、いづれの国家も、自国のことのみに専念して他国を無視してはならないのであつて、政治道徳の法則は、普遍的なものであり、この法則に従ふことは、自国の主権を維持し、他国と対等関係に立たうとする各国の責務であると信ずる。

日本国民は、国家の名誉にかけ、全力をあげてこの崇高な理想と目的を達成することを誓ふ」。

実は、この前文が、私が途上国で仕事を続けるもう一つの大きな理由だったのかもしれない。日本国民として、「他国（他の地域に住む人々）を無視してはならない」のである。私の、インドの「おばちゃん信金」へのお節介は、まさにここに根ざす。そして、この前文が、「せいだいて（精一杯）行ってこやあ」と私の背中を押してくれている。私のことをよく知る岐阜のおばちゃんたちなら、すかさず見抜くだろう。「なまかわして（怠けて）、前文しか、読んどらへんやろう?」と。そんなことはない、ちゃんと第九九条までは読んだので、最後の第一〇三条まであとちょっとだ。

ここまで読んでくださった読者の皆さんはすでにおわかりだろうが、私には格調高い文章が書けない。しかし憲法を「引用」させてもらったおかげで、本書は一気に格調高くなったような気がする。

「武器を持たない、戦争をしない日本人」の私は、「**援助しない技術**」で、おばちゃんたちと一緒に、「勝ちも負けもしない共生コミュニティ」を作り続けたい。崇高な日本国憲法を持つ日本のおばちゃんとして、埋もれ気味の肩甲骨をビシッと意識し、胸を張る。誇りを持ち、全力で力を抜いて、埃舞う村の、そして活気あふれるスラムの、おばちゃんたちに会いに行こうと思う。今度こそ、本書は最後。「では、ご無礼します（失礼します）」。（完）

***日本国憲法　第二章　戦争の放棄　第九条【戦争放棄、軍備及び交戦権の否認】**「1　日本国民は、正義と秩序を基調とする国際平和を誠実に希求し、国権の発動たる戦争と、武力による威嚇又は武力の行使は、国際紛争を解決する手段としては、永久にこれを放棄する。」「2　前項の目的を達するため、陸海空軍その他の戦力は、これを保持しない。国の交戦権は、これを認めない。」

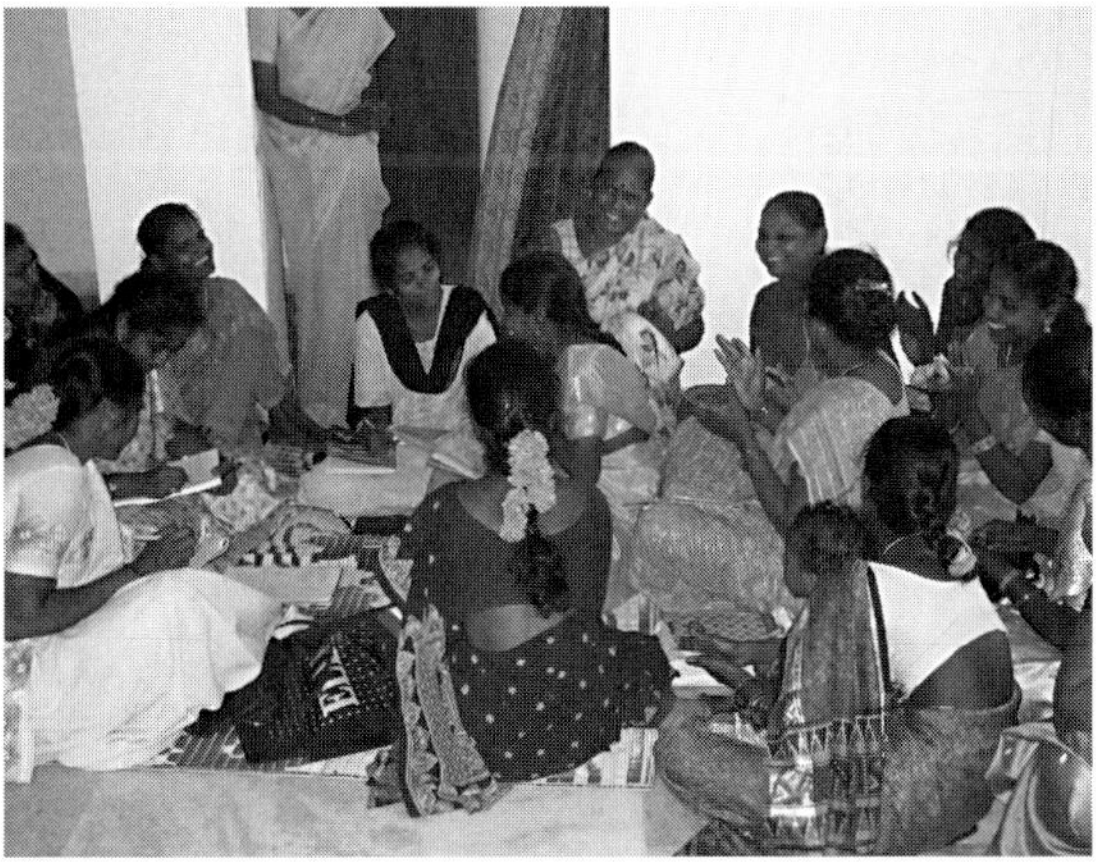

おばちゃん信金設立当初の会議風景。信金の事務所に「出勤」してくることが、楽しそうなおばちゃんたち。

ヨーロッパ語圏の言語を話す人々が多いのが北インド。そしてタミル語、テルグ語などのドラヴィダ語圏の言語を話すのが南インド。インドの南半分のとくに4州（タミルナド州、ケララ州、アンドラ・プラデッシュ州、カルナタカ州）を南インドという。一口にインド人と言っても言語も民族も多種多様。北インド（首都デリーや大都市ムンバイ）出身者主導の政治や経済を歯がゆく思う南インド人は多く、南インドには北インドを逆説的に揶揄するこの手の小話が多い。

第3幕

26　**インドの短い新聞記事**　*Times of India*、2013年5月4日付“Vizag mandal records 648% population growth”より。http://timesofindia.indiatimes.com/city/hyderabad/Vizag-mandal-records-648-population-growth/articleshow/19874576.cms

27　**信金で借りたお金**　ムラのミライでは、「おばちゃん信金」フィードバック調査（2013年1月から15カ月間）を実施。調査結果では、信金のローンを借りたことのある776人の内、「家計の足し」を目的にした人は489人（63%）と最も多く、「商売」目的は105人（13%）にとどまった。

28　**花びらが歩道に舞う、美しい日本大使館**　在ネパール日本国大使館のこと。

29　**憲法の拡大解釈**　憲法改正の正規の手続き（衆参両議会での憲法改正案発議と国民投票［日本国憲法第九章「改正」第九六条］）を踏むことなく、現首相（安倍晋三）ら一部政治家のみが解釈改憲で「集団的自衛権の行使容認を目指す」動き。

30　**ODA大綱改定の動き**　ODAの基本方針であるODA大綱は1992年に策定され（1993年に閣議決定）、2003年に改定。2014年3月、外務省はODA大綱見直しを発表。ODAによる「武器援助」や軍事的用途との境界が曖昧なODAの増加が懸念されている。同年4月、日本のNGO70団体は、この動きに抗議する共同声明を発表した。（参考）「途上国の開発と貧困・格差の解消に非軍事的手段で貢献するODAを」。http://www.janic.org/pdf/oda80in_140512.pdf

17　**3万発の花火**　岐阜市内の長良川河川敷で、毎年7月最終土曜日と8月第1土曜日に開かれ、両方とも約3万発の花火が上がる。

18　**郡上おどり**　岐阜県郡上市に江戸時代から400年続く伝統的な踊り。7月半ばから9月初旬までの33夜、毎夜異なる会場（町内）で踊られる。毎年8月のお盆の4日間は、午後8時から翌朝5時頃まで踊り続ける「徹夜踊り」が催される。

19　**インド、日本、タイの人口**　インドの人口は約10億（2001年）、約12億（2011年）、日本の人口は約1億2000万（2012年）、タイの人口は約6000万（2010年）。（参考）外務省・各国地域情勢インド、タイより。

20　**インドステイト銀行**（State Bank of India）（参考）http://www.sbi.co.in/portal/web/home/branch

21　**「おばちゃん信金」の年度別の実績**　Annual Report of Fiscal Year 2006/07、2007/08、2008/09、2009/10、2010/11、2011/12、2012/13、Visakha Vanita Kranti, Visakhapatnam, Andhra Pradesh, India

第2幕

22　**5歳まで生き延びる子どもの数**　インドの5歳未満児死亡率（1000人当たりの死亡数）は1990年で126人、2012年で56人。ちなみに日本は3人（2012年）。（参考）『世界子供白書　統計編：誰もが大切な“ひとり”』日本ユニセフ協会、2014年。http://www.unicef.or.jp/library/library_wdb_b.html

23　**私が通っていた山岳少数民族の村々**　アンドラ・プラデッシュ州とオディシャ州の州境の東ガーツ山脈の中にある山岳少数民族の人々の村。ムラのミライは、1993～2002年にかけて、サワラ人、コンド人などの山岳少数民族の人々と植林や小規模水力発電などの事業を実施していた。現在は、アンドラ・プラデッシュ州スリカクラム県のサワラの人々への支援を中心に、木、土、水から家畜や魚に至るまで、流域内の資源の活用・再生・維持を目的とする「循環型の農業と暮らし創り」のプロジェクトを実施中。（参考）http://somneed.org/activities/project/#MWS

24　**出身州の言語**　インドは言語の宝庫。連邦公用語はヒンディー語、他に憲法で公認されている州の言語が21もある。（参考）外務省インド基礎データ。http://www.mofa.go.jp/mofaj/area/india/data.html#section1

25　**南インド人は、北インド人との競争に負けてしまう**　南北インドは、ざっくりと言語で分けるとわかりやすい。ヒンディー語などのインド・

9 **セルフヘルプグループ（SHG）の数** インド農業・農村開発銀行（NABARD: National Bank for Agriculture and Rural Development）のプログラムの中には、マイクロクレジットグループ（小規模融資を行うグループ。インドではSHG呼ばれている）に融資を行うものがある。SHGの総数800万という数字は、過去20年間にNABARDの同プログラムに参加したSHGの数。ただ、現場レベルでは、1人が複数のグループに属しているケースも多いため、SHGの数から実質的な参加者総数を把握することは困難。https://www.nabard.org/english/MCI_dept.aspx

10 **高山祭・古川祭・道三まつり** 絢爛豪華な屋台とからくり奉納で有名な春の高山祭りは4月14・15日、起こし太鼓と屋台行列で有名な飛騨市の古川祭りは4月19・20日、岐阜市を代表する道三まつりは4月第1土日に開催される。

11 **栗きんとん、起き上がりもなか、鮎菓子、げんこつあめ、水まんじゅう…小倉トースト** 最初の五つは岐阜県の名物スイーツ。小倉トーストは愛知県の喫茶店定番メニューとして有名だが、岐阜県内の喫茶店でも定番。

12 **黄金の信長像** 岐阜市制120周年を記念し、地元企業が中心となって寄付を募り、岐阜市に寄贈したもの。台座を含めた高さは11メートル。

13 **みょうがぼち** 岐阜県本巣郡北方町を中心に作られる季節限定郷土菓子。季節は、みょうがの葉が採れる5月から6月くらいまでの田植えの時期。

14 **辛さが足りない** アンドラ・プラデッシュ州のカレーはインド第1位の激辛。各料理に必ず赤（青）唐辛子が最低5～6本は入っているという半端でない辛さ。アンドラのおばちゃんたちにとって他州のカレーは物足りない。逆に他州の人がアンドラのカレーを食べると、同じインド人でも「辛くて食べられない」と音を上げることが多い。大抵の日本人にとってはどちらも激辛には違いないわけだが。

15 **インドの所得別人口** （参考）「インド市場と市場開拓」独立行政法人日本貿易振興機構、2013年3月。http://www.jetro.go.jp/world/asia/reports/07000866

16 **水まんじゅう** 岐阜県大垣市の名産。くず粉で作った半透明の皮の中に餡が入っている。冷やして食べる。全国的には「くずまんじゅう」と呼ぶところが多い。

注　記

第１幕

1　**鵜匠**　鵜を操って魚をとる人のこと。鵜匠は世襲制で親から子、子から孫へとその技が受け継がれ、宮内庁式部職の位を持つ。山下純司鵜匠は2002年より鵜匠頭（代表）を務める。ぎふ長良川鵜飼いは、1300年以上の歴史を持つ伝統漁法で、今も毎年５月半ばから10月半ばまで行われている。

2　**ビシャカパトナム市の人口**　（参考）インド国勢調査、2011年（Census of India 2011）。http://www.censusindia.gov.in/

岐阜県の人口　（参考）岐阜県庁。http://www.pref.gifu.lg.jp/kensei-unei/tokeijoho/

3　**ムラのミライの定款**　2014年６月に改訂された定款には「貧しい人々」も「自立支援」という言葉も削除されている。

4　**テルグ語**　アンドラ・プラデッシュ州の公用語で、話者人口は約7400万人、世界では15番目に話されている言語。ちなみに日本語は９番目。（参考）Ethologue, Summery by Language size. http://www.ethnologue.com/statistics/by-language-size

5　**『基礎テルグ語』**山田桂子、大学書林、2010年。

6　**対話型ファシリテーション講座**　（参考）ムラのミライ。http://somneed.org/methodology/capacitybuilding/japan/

7　**ムラのミライが行っている基礎講座**　ムラのミライでは、日本国内で実施する講座の他、南インドの村や都市といった活動の現場でも講座を開いている。受講生は日本人の学生、会社員、ＮＧＯスタッフなど、男女、年齢層を問わず多岐にわたっている。またインドネシアやネパールのＮＧＯスタッフも受講している。（参考）ムラのミライ。http://somneed.org/methodology/capacitybuilding/overseas/

8　**対話型ファシリテーション講座の受講者数**　ムラのミライ関西事務所提供資料より。

あとがき

もはやお気づきかもしれないが、実は40歳を過ぎるまで、「バリバリの仕事人間」だった。正確に言うと、家事や育児を顧みない「仕事一筋のおっさん」みたいなおばちゃんだった。

それに気づかせてくれたのは、ムラのミライを退職後、ネパールのカトマンズに住み、家事と育児に専念した日々だ。「専念した」とはエラそうだが、ホントは、仕事がなく、イヤイヤ家事をやっていた。

映画『マーガレット・サッチャー　鉄の女の涙』でサッチャー元イギリス首相に扮したメリル・ストリープが「私は、紅茶茶碗を洗うだけの一生を送りたくないの」と台所でつぶやくシーンがあった。別に「鉄の女」になりたかったわけでもないし、「市場で値段がつかないもの」をバッサバッサと切り捨てる、市場経済万能のネオリベ（新自由主義《ネオリベラリズム》）に賛同していたわけでももちろんないが、とにかく毎食後の茶碗を洗うたび、このセリフを思い出していた。

本当は退職後も、南インドのおばちゃんたちとやったような仕事をすぐにでもしたかった。しかし家事と育児をしながら自分のやりたい仕事に就くということが、いかに大変かを痛感した。「援助する側／される側の関係を越えたい」と言ってみたところで、先立つものがなければ、「お節介をやきに行く」その交通費も捻出できない。誰かにお節介をやき、それで自分の暮らしも成り立たせるような仕事など、ほとんどないのが現実だ。だから、仕方なく、毎食後の茶碗を洗っていたわけだが、自尊心とか自己肯定感は、茶碗をすすぐ水と一緒に、排水溝へと一直線に流れていくようだった。

家事も育児も果てしなく続く。「効率」とはほど遠く、「効果」も見えにくく、お金で「評価」されることもない仕事。家事や育児といった労働は、まだまだシャドーワークの域に閉じ込められたままだ。とてもとても生半可にできる仕事ではない。

「人間は他人から認めてもらい、評価されるのを切望している」と言ったのは、のちに市場経済主義の鼻祖となる、かのアダム・スミスだったが（『道徳感情論』）、おばちゃんたちだって、毎日、それを切望している。でも振り向かれることはほとんどない。こと家事や育児に関しては、今も昔も、他人から認められたり、評価されたりすることなど、まずない。それが現実だ。途方もない時間を、全世界のおばちゃんたちが担い続けてきた仕事。

自尊心とか自己肯定感を持つことは大事だ。でもそれだけでは、お腹はふくれないし、子どもも泣き止まない。茶碗を洗うたび、洗濯をするたびに、クラ〜イ気持ちになる。《自尊心や自己肯定感を洗い流してしてでも、そこそこ健康で、次の食事が食べられれば、何とかなる》くらいに構えていなければ、とても毎日やっていけない。

早朝から麦の収穫に畑に出かけてゆくおばちゃん、家事の合間の昼下がり、玄関先の日向で、小さな子どもの髪に付いたシラミを取るおばちゃん、片手に数珠を持ち、子どもと手をつなぎ、夕暮れどきにお寺参りに出かけてゆくおばちゃん、夕方、保育園に向かって猛スピードでチャイルドシートの付いた自転車を走らせてゆくおばちゃん、駅でぐずる我が子を怒鳴りつけているおばちゃん。ネパールのおばちゃんたちと、日本のおばちゃんたちの、それぞれの風景。

彼女たちの自尊心や自己肯定感が洗い流されることなく、むしろそれらを大事にし合って生きてゆける社会は、誰かの「小さなお節介」の、無数の束によって作り上げられていくものなのかもしれない。そう思えたとき、本書は、私にとって「小さなお節介」となった。

「えーてえーて、騙されてまったと思って、1冊買わんとかんのやよぉ」と、岐阜弁であなたに話しかけてくるおばちゃんがいたら、それは私である確率がとても高い。

本書の出版にあたり、ムラのミライの共同代表の和田信明さんと中田豊一さん、スタッフの宮下和佳さん、前川香子さん、池崎翔子さんには、西宮、ビシャカパトナム、カトマンズの各地で、大変お世話になった。本書に収められたおばちゃんたちとの対話を、岐阜の人をも唸らせるキレのある岐阜弁に翻訳してくださった岐阜新聞社東濃総局編集部長の澤野都さん、インドのおばちゃんたちに実際に会われたのかと思えるほど、リアルな4コマ漫画で彼女たちとのやりとりの光景を見事に「再現」（?）してくださったイラストレーターの田中由郎さん。このお2人に抜きに、こんなに活き活きとした「おばちゃん本」は実現しなかっただろう。お礼に私ができることは、皆さんにそれぞれ100冊販売ノルマをお付けすることくらいだろうか。新評論の山田洋さんは、私の拙い文章に幅と深みを与える（と、コレを読んでも思えなかったら、それは私のせい）アドバイスを、ネパールの通信速度の遅さ、停電、時差ものともせず、根気よく送ってくださった。この本が、少しでも読み応えのある内容になったとしたら、それはひとえに山田さんのおかげである。

本書は、インドでの活動を物心共に支えてくれた岐阜の両親に、真っ先に感謝を込めて贈りたい。そして最後に、信金のおばちゃんたちをはじめ、南インドのものすごく大勢の家族や仲間たちに心から感謝したい。私が何を書いたか知りたかったら、同書のテルグ語訳が出るまで、気長に待っていてほしい。まず翻訳されないと思うけど。

著者

2014年8月31日　ネパール・カトマンズにて

著者紹介

原　康子（はら・やすこ）

国際協力コンサルタント、コミュニティ開発専門家。ウサンクサイ肩書きだが、もし「コミュニティ開発検定試験」なるものがあったなら、実技はともかく、筆記で落ちるタイプ。途上国の農村や都市のスラムのおばちゃんたちと、自信や自尊心を高め合い、共生のコミュニティを創る「お節介」が仕事、という看板は掲げているが、現在、開店休業中。今回の出版を機に、仕事も入り、２作目の「“おばちゃん本”も出版できるかも ?!」との期待を高める一方、本書のせいで、休業期間延長のおそれも十分にあり得る、と本人は考えている。亥年、岐阜県出身、ネパール在住。

南国港町おばちゃん信金

「支援」って何？“おまけ組”共生コミュニティの創り方　（検印廃止）

2014年９月30日　初版第１刷発行

著　者　原　康子
発行者　武市一幸

発行所　株式会社 新評論

〒169-0051 東京都新宿区西早稲田3-16-28
http://www.shinhyoron.co.jp

TEL 03 (3202) 7391
FAX 03 (3202) 5832
振替 00160-1-113487

定価はカバーに表示してあります
落丁・乱丁本はお取り替えします

装幀　山田英春
印刷　フォレスト
製本　中永製本所

ISBN978-4-7948-0978-0
Printed in Japan